Edition Paashaas Verlag

EPV

Autor: Brigitte Kemptner
Cover-Motive: Pixabay.com
Covergestaltung: Michael Frädrich
Lektorat: Nina Sock
Originalausgabe April 2021
Edition Paashaas Verlag – www.verlag-epv.de
ISBN: 978-3-96174-085-7
Druck: Books on Demand GmbH, Norderstedt

Die Deutsche Nationalbibliothek verzeichnet diese Publikation in der Deutschen Nationalbibliografie; detaillierte bibliografische Daten sind im Internet abrufbar über http://dnb.d-nb.de.

Teenager-Tränen

Für meine Freundin Stephanie,

die mit ihrer Anregung zu diesem Buch beigetragen hat

Schuld war nur Harry Potter

Es war fast unmöglich, sich gegen Eltern durchzusetzen, die Spießer waren – als Mädchen schon mal gar nicht. Aber damit hätte ich mich ja noch abfinden können, wären sie nicht auch noch streng und unzeitgemäß gewesen. Klar liebte ich meine Eltern, weil man das als gehorsame Tochter nun mal tat.
Nein, im Ernst, ich liebte sie wirklich.
Aber liebten sie mich auch? Solange ich brav war und tat, was sie von mir verlangten, bestimmt. Auf jeden Fall liebten sie mich nicht so wie Klaus, meinen älteren Bruder. So viel stand jedenfalls für mich fest. Der musste nämlich nicht mit fünfzehn abends um 20:00 Uhr schon daheim sein; der hatte ein Smartphone und konnte ohne Zeitlimit am PC sitzen. Meine Eltern hatten doch keine Ahnung, wie es war, wenn man in der Schule oft verspottet wurde, wenn sich die Mitschüler über einen lustig machten.
Und dann kam Harry Potter ins Spiel. Aber ich fange am besten von vorne an ...
Es war kurz vor meinem zwölften Geburtstag gewesen. Schon seit einiger Zeit schwärmten einige aus meiner Klasse von einem Zauberer-Jungen: Harry Potter. Die Geschichten über ihn gab es zwar schon viele Jahre, aber bei meinen Mitschülern schien er erst jetzt angekommen zu sein. Auf jeden Fall war er in den Pausen Gesprächsthema Nummer eins und das, was ich so ganz nebenbei aufschnappte, gefiel mir. Weil ich für mein Leben gerne las, wollte ich ebenfalls die Bücher haben.
Ohne zu ahnen, welche Reaktion ich bei meinen Eltern damit heraufbeschwor, machte ich den fatalen Fehler, mir zum Geburtstag den ersten Band von sieben zu wünschen. Es

war kurz vor den 20:00 Uhr-Nachrichten – eine günstige Gelegenheit, meinen Wunsch vorzutragen, fand ich. Während Carsten Klein, mein Papa, auf den Bildschirm starrte und gar nicht reagierte, wollte meine Mutter Maria wissen, was das für ein Buch sei. Diese Frage war schon einmal gut. „Fantasy", erwiderte ich und erzählte ihr, was ich so an Handlung aus den Unterhaltungen meiner Klassenkameraden mitbekommen hatte.
In froher Erwartung und mit etwas flauem Gefühl im Magen starrte ich Mama an, während ich auf eine positive Antwort hoffte.
„Ach, so ein Zeug ist das", hörte ich sie schließlich in einem Ton sagen, der all meine Hoffnung zusammenfallen ließ. „Aber diese Art von Literatur kommt mir nicht ins Haus. Ich möchte auf keinen Fall, dass du so etwas liest. Unrealistisch und ohne jede Kultur. Es gibt doch so viele schöne Mädchenbücher, die du dir wünschen kannst. Ich möchte nur mal wissen, wer dir diesen Floh ins Ohr gesetzt hat."
„Niemand", erwiderte ich und fühlte, wie sich meine Hoffnung auf das Buch nun endgültig in Luft auflöste. „Aber, Mama, wenn ich es mir doch wünsche!", wagte ich noch einen Versuch.
„Nein." Meine Mutter wandte sich an Papa. „Nun sag du doch auch mal was, Carsten!"
Mein Vater schaute vom Bildschirm, wo die Nachrichten gerade begonnen hatten, zu uns herüber. „Worum geht es eigentlich?"
Papa hatte mal wieder nichts mitbekommen, dachte ich enttäuscht. Wenn die Glotze an oder er in seine Zeitung vertieft war, könnte das Haus einstürzen.

„Um Harry Potter. Weil es Fantasy ist, erlaubt Mama es nicht", antwortete ich, bevor sie etwas sagen konnte. „Ich wünsche mir den ersten Band zum Geburtstag."
„Und ich sage nein. Du kennst meine Meinung."
„Dann ist die Sache doch geklärt", erwiderte Papa. „Jetzt will ich in Ruhe die Nachrichten zu Ende sehen."
Am liebsten hätte ich Mama gefragt, ob sie denn überhaupt Fantasy-Bücher kannte, weil sie so dagegen war. Aber ich ließ es bleiben, weil ich keine Kämpfernatur war und somit schluckte ich meine Enttäuschung wie schon so oft runter.

Da ich zu meinem Geburtstag nicht das bekam, was ich mir gewünscht hatte, fand ich zum Glück einen anderen Weg: Da mein sehr knapp bemessenes Taschengeld nicht reichte, wollte ich mir das Buch ausleihen.
Wozu lag denn auf meinem Schulweg zwischen Bushaltestelle und unserer Straße "Toms Bücherstube"? Das Coolste an ihr war, dass man dort nicht nur Bücher kaufen, sondern sich auch welche ausleihen konnte, meist ältere.
So las ich an einem der nächsten Tage heimlich in meinem Zimmer im ersten Potter-Band.
Mein Pech war, dass Mama ihn in ihrem Kontrollwahn entdeckte, als ich in der Schule war. Dabei hatte ich das Buch so gut versteckt, aber wohl nicht gut genug. Was musste sie auch in meinem Zimmer herumschnüffeln? In meiner Privatsphäre? Es gab jedenfalls einen Riesenkrach und ich musste das Buch sofort zurückbringen.
So vertraute ich mich in meinem großen Kummer Tom Hornung an.
Tom Hornung war Witwer, Anfang sechzig und wohnte genau wie wir in der Mörikestraße, direkt uns gegenüber. Er

war einer von den Menschen, die man gerne zum Nachbarn hatte, doch befreundet war er mit meinen Eltern nicht.
Aber wer in der Straße war das schon?
Die meisten Leute, die hier wohnten, hatten wenig Sinn für Nachbarschaftskram. Sie gingen alle ihre eigenen Wege, arbeiteten während der Woche und an den Wochenenden fuhren sie meistens fort. Mir war das ohnehin egal, weil in unserer Straße sowieso niemand in meinem Alter wohnte. Wären nicht ein paar kleinere Kinder da, über die sich meist die älteren Herrschaften beklagten, weil sie so laut waren, wäre die Mörikestraße nur tote Hose. Einige meiner Mitschüler waren sogar ziemlich gehässig und meinten, dass in unserer Straße doch ohnehin nur lauter "feine Pinkel" wohnten. Aber ich fand, dass die Leute so schlimm nun auch wieder nicht waren.
Nachdem ich mich Tom also anvertraut hatte, machte er mir einen Vorschlag: Falls meine Eltern einverstanden wären, könnte ich in seinem Laden lesen, wann immer ich dafür Zeit hätte.
Ich glaubte nicht daran, dass meine Eltern das erlaubten. Dennoch flammte in mir ein kleiner Hoffnungsschimmer auf. So nahm ich all meinen Mut zusammen und berichtete ihnen beim Abendessen unter Herzklopfen von Toms Vorschlag. Die Reaktion fiel alles andere als rosig aus.
„Kommt überhaupt nicht infrage", fing Mama an. „Keine Fantasy. Das haben wir doch bereits geklärt und ich wiederhole mich nicht gerne."
Ich hatte das Gefühl, vor meiner Mutter immer kleiner zu werden. Trotzdem versuchte ich es weiter: „Aber Herr Hornung lässt mich in seinem Laden lesen. Bitte, Mama, erlaub

es mir", flehte ich, während mein Herz weiterhin auf Hochtouren war.

„Was habt ihr gegen Fantasy-Bücher? An denen ist doch wirklich nichts Schlimmes dran. In meiner Klasse lesen die fast alle, auch Mädchen."

Danke, Klaus! Großer Bruder.

Doch dann kam einer von Mamas Lieblingssätzen: „Juliane soll lieber für die Schule lernen, das ist viel wichtiger. Nun sag du doch auch etwas, Carsten."

Mein Vater, der sich vor Diskussionen jeglicher Art am liebsten drückte, ließ meistens Mama reden und mischte sich erst ein, wenn er es für richtig hielt: „Vielleicht sollten wir in diesem Punkt nicht ganz so streng sein, Maria."

Hatte das wirklich mein Vater gesagt?

„Andererseits", fuhr er fort, „wenn unser Nachbar Tom Hornung ihr schon ein solches Angebot macht, würde es kein gutes Licht auf unsere Familie werfen, wenn wir uns stur stellen. Gut, Juliane darf meinetwegen dort lesen. Ich habe mich mal über diese Potter-Bücher erkundigt, sie sind auch schon für Zwölfjährige geeignet. Aber nur, wenn die Schule darunter nicht leidet. Ist das klar?"

„Ja", sagte ich und musste mich arg zusammennehmen, sonst hätte ich losgeheult. Dabei hätte ich doch erfreut sein sollen.

Kein gutes Licht auf die Familie werfen, hämmerte es in meinem Kopf. Deshalb hatte mein Vater also nachgegeben und nicht mir zuliebe.

∞

Ein Jahr später.
Wieder stand mein Geburtstag kurz bevor, mein Dreizehnter. Ich nahm auch diesmal meinen ganzen Mut zusammen und wünschte mir ein Smartphone. Ich wollte nicht länger eine Außenseiterin in meiner Klasse sein.
„Alle in der Schule haben schon eines. Selbst die viel Jüngeren. Ich bin die einzige in meiner Klasse, die keines hat", erklärte ich meinen Eltern beim Abendessen unter Herzklopfen.
Daraufhin sprach Papa mit ruhiger, fester Stimme. Schreien war nicht sein Stil. „Was andere machen, müssen wir ja nicht auch tun. Konzentriere dich auf die Schule und das Lernen, da hapert's bei dir ohnehin mehr als genug, sagt deine Mutter. Zu einem späteren Zeitpunkt können wir mal darüber reden."
„Ich wünsch mir aber so sehr ein Smartphone, es muss ja nicht das Teuerste sein, wenn es ums Geld geht. Bitte, Papa!"
So viel Mut hatte ich mir eigentlich nicht zugetraut und ich war über mich selbst erstaunt.
Unsere Familie nagte nun wirklich nicht am Hungertuch. Papa verdiente doch gut. Er war seit fünfundzwanzig Jahren Leiter für Finanzwesen in einer großen Firma in Konstanz und dass er sich zu Hause auch um alles Finanzielle kümmerte, war sonnenklar. Wir hatten keine Geldsorgen, auch wenn mein Vater ständig darüber klagte, weil die Strom- und Wasserrechnungen zu hoch seien. Meine Mutter ging zudem auch dreimal die Woche arbeiten. Wir wohnten in einem wunderschönen eigenen Haus in einer ruhigen Siedlung in Rosenau am See und ich wollte unbedingt ein Smartphone. Genau wie meine Eltern und Klaus eins hatten.

„Wir hatten auch keines, als wir so alt waren wie du und haben es überlebt", erwiderte jetzt meine Mutter. „Und jetzt Ende der Diskussion."

Ich presste kurz die Lippen aufeinander und rief aufgebracht: „Als ihr in meinem Alter wart, hat es ja noch kein Smartphone gegeben." Ich schlug mir leicht mit der Hand auf den Mund. Hatte ich das wirklich gesagt? Ich, die eher zurückhaltend und ruhig war? Der oft der Mut fehlte, sich durchzusetzen?

„Es reicht, Juliane!" Mamas grüne Augen funkelten mich böse an. „Schlag dir diesen Unsinn aus dem Kopf. Es reicht schon, dass wir dir erlauben, in der Buchhandlung diese schrecklichen Bücher zu lesen."

„Fantasy-Bücher sind nicht schrecklich, Mama", rief ich trotzig, was ebenfalls nicht meine Art war. Aber ich war gerade in Fahrt und warum musste sie mich denn reizen?

Bevor Mama jedoch noch etwas sagen konnte, mischte sich Papa ein: „Jetzt ist es aber gut. Über ein Smartphone reden wir zu gegebener Zeit, Juliane, aber nicht in einem solchen Ton wie eben. Und jetzt möchte ich gerne in Ruhe fertig essen."

Hiermit erreichten meine Eltern, dass ich nie wieder von einem Smartphone anfing.

∞

Es würde Ärger geben

Den gab es eigentlich immer, wenn ich zu spät von der Schule heimkam. Vor allem aber dann, wenn meine Mutter, wie an jedem Donnerstag, ihren Frauennachmittag hatte. An einem solchen Tag dehnte ich meinen Heimweg absichtlich in die Länge. Andererseits brauchte ich auch etwas Freiheit, die außerhalb meines Zuhauses lag und die fand ich natürlich in Toms Bücherstube. Seit ich lesen konnte, freute ich mich über jedes Buch, das mir die Eltern und Großeltern – letztere sicher aus lehrreichen Gründen – schenkten. Im Buchladen gab es genug, die mein Leserherz sicher noch viele Jahre begeistern würden. Aber momentan besaß ich viel zu wenig Taschengeld, obwohl ich vor kurzem meinen fünfzehnten Geburtstag gefeiert hatte.

Bevor ich also an diesem Donnerstag die Absicht hatte, zu Hause aufzutauchen, wo Mama ihren Frauennachmittag vorbereitete, brauchte ich dringend noch etwas Erfreuliches und das war Lesen.

Ich war kaum in "Toms Bücherstube" eingetaucht, da fühlte ich mich auch schon wie in einer anderen Welt. Am liebsten würde ich später einmal hier arbeiten und mich mit Büchern umgeben. Aber wie ich meine Eltern kannte, hätten die sicher was dagegen. Insgeheim planten sie mit großer Gewissheit schon meine berufliche Zukunft.

„Hallo, Juliane, wieder mal keine Lust schon heimzugehen?", begrüßte mich der Ladenbesitzer freundlich.

„Hi, Tom. Nö, noch keinen Bock. Darf ich wieder lesen?"
Vor einigen Monaten hatte er mir das Du angeboten. Davon hatte ich meinen Eltern natürlich nichts erzählt.
„Klar, Mädchen. Du brauchst doch nicht zu fragen." Tom lächelte freundlich zurück. Das tat er eigentlich immer, weil er ein sehr netter älterer Mann war. Er holte aus einem Fach seiner Ladentheke den Potter-Band hervor, in dem ich gerade die Mitte erreicht hatte.
Leider war es mir nicht gegönnt, jeden Tag in die Bücherstube zu gehen und zu lesen, was ich mit Vorliebe getan hätte. So war ich bisher nicht weiter als bis zu Band vier gekommen. Erwartungsvoll verzog ich mich in die kleine gemütliche Sitzecke, die seit meinem zwölften Lebensjahr so etwas wie eine zweite Heimat geworden war.
Oder mein Zufluchtsort?
Kurz nach 14:30 Uhr schlug ich das Buch zu und gab es Tom. „Ich muss dann mal. Gibt sicher Ärger, weil Mama heute ihr Kaffeekränzchen hat."
„Wird schon nicht so schlimm werden", rief er mir nach, als ich den Laden verließ.

Zu Hause angekommen schlich ich mich ins Haus, obwohl ich doch genau wusste, dass dies kaum etwas nützte. Ärger gab es, dessen war ich mir sicher. Ein Blick auf die Armbanduhr gab mir recht. Nicht mehr lange und Mamas Freundinnen waren da, wie jeden Donnerstag. Ich hasste diese Tage, an denen Mama mich immer zum Helfen verdonnerte.
Später, wenn der Besuch gegangen war, durfte ich dann den Tisch abräumen und die Küche in Ordnung bringen. Mama musste sich nämlich etwas erholen.

Ich hörte meine Mutter im Esszimmer herumhantieren. Sie deckte bestimmt den Tisch.
„Juliane!"
Bei Mamas schriller Stimme zuckte ich zusammen. Dabei hatte sie eigentlich eine sehr schöne, angenehme Stimme, aber manchmal ... ich wollte etwas Zeit schinden und strebte zur Treppe, um meine Sachen nach oben aufs Zimmer zu bringen – was ich sonst üblicherweise nicht tat, wenn ich gerade von der Schule heimkam. Dann landete der Rucksack erst einmal neben dem Garderobenschrank.
„Halt, Fräulein, hiergeblieben."
Also nicht erst nach oben. Ich zog schützend die Schultern hoch, während Mama mich am Rucksack festhielt. „Wieso kommst du so spät? Du weißt doch, dass heute meine Freundinnen kommen."
Klar wusste ich das. Mir wurde mit einem Mal ganz heiß im Gesicht und unterm Anorak. Aus meinem Mund kam nur ein Gestammel: „Ich ... ich war ... war doch nur kurz bei Tom ..."
„Wo auch sonst!", war Mamas kurzer Kommentar. Da sie hinter mir stand, konnte ich nur vermuten, dass ihr Gesicht nicht sonderlich freundlich aussah.
„Wenn ihr mir erlauben würdet, Harry Potter zu Hause zu lesen, bräuchte ich nicht in die Buchhandlung zu gehen."
Meine Mutter ließ den Rucksack los. „Du kennst unsere Meinung. Jetzt wasch deine Hände und hilf mir in der Küche, damit ich fertig werde, bis mein Besuch kommt."
Mann, war ich acht oder fünfzehn?
„Darf ich mir vorher noch ein Brot machen?" Mein Magen signalisierte Mittagessen, doch das fiel an diesen Donnerstagen immer aus.

Mama winkte ab. „Dann hättest du eher kommen müssen. Später kannst du etwas essen. Jetzt eilt es."
Oh, wie ich diese Tage verabscheute, an denen meine Mutter nur Stress machte. Egal, ob es der Freundinnentag war, ihre Wechselschichten in der Klinik oder als Ehrenamtliche in der Kirchengemeinde. „Juliane, tu dies, Juliane, tu das. Hast du deine Aufgaben gemacht? Dein Zimmer aufgeräumt? Den Geschirrspüler ausgeräumt? Und gib acht auf mein gutes Porzellan. Und räum nicht wieder alles verkehrt in die Schränke ein."
Letzteres tat ich immer mit Absicht, in der Hoffnung, dass ich es nicht mehr machen musste.

Ich stand gerade in der Küche, als Mamas Besuch kam. Ich beobachtete die fünf Frauen, von denen ich außer meiner Mutter keine kannte, weil sie nicht in der Mörikestraße wohnten. Ich fand allerdings, dass meine Mama trotz ihrer neunundvierzig Jahre die eleganteste und schönste von allen war. Sie war einmeterfünfundsiebzig groß, schlank, hatte eine leicht gebräunte Haut – worauf sie sehr viel Wert legte – ein herzförmiges Gesicht, schwarzes kurzes Haar und grüne Augen.
Nach ihr kam ich jedenfalls nicht. Mein Gesicht war rundlicher, obwohl ich überhaupt nicht dick war. Meine Haare waren mittelbraun, lockig und kinnlang. Mein Mund klein. Nö, ich kam mir jedenfalls eher unscheinbar vor.
Ich klopfte an die offene Esszimmertür. „Brauchst du mich noch oder kann ich auf mein Zimmer?", fragte ich höflich. Mama erlaubte es, und als ich im Flur verschwand, hörte ich gerade noch, wie eine von Mamas Freundinnen sagte: „Du hast wirklich eine wohlerzogene Tochter, Maria."

Ich stürmte die Treppe hoch und konnte deshalb nicht hören, was meine Mutter antwortete. Erst in meinem Zimmer stieß ich laut die Luft aus der Lunge. Wohlerzogen, dachte ich und verzog den Mund. Warum konnte ich mich über ein solches Kompliment nicht einfach freuen? Vielleicht stand es mir ja gar nicht zu, weil ich tief in mir drinnen oftmals von wütenden Gedanken besessen war? Ich kannte kein Mädchen, das mit fünfzehn abends um 20:00 Uhr zu Hause sein musste. Während der Woche hätte ich das ja noch verstanden, aber nicht einmal samstags oder in den Ferien erlaubten meine Eltern, dass ich mit meiner besten und einzigen Freundin Lara mal ins Kino oder zu einer Geburtstagsparty gehen durfte. Den gebrauchten Computer meines Bruders musste ich benutzen, aber nur eine Stunde am Tag, hauptsächlich für schulische Belange. Doch was das Schlimmste für mich war, ich besaß immer noch kein Smartphone. In der Schule machten sie sich ja schon lange über mich und die altmodischen Ansichten meiner Eltern lustig. Aber denen schien es ja völlig egal zu sein, wie es in mir aussah.

Eigentlich müsste ich jetzt die Zeit mit Hausaufgaben nutzen, bis Mamas Gäste gegangen waren, aber ich konnte mich dazu nicht aufraffen und legte mich aufs Bett. Ich starrte Löcher in die Decke und musste wohl eingenickt sein, denn ich schreckte plötzlich hoch.

Hatte jemand nach mir gerufen? Mama vielleicht? War denn das Kaffeekränzchen schon vorbei? Ich schaute auf die Uhr. Schon so spät?

„Juliaaane!", drang es durchs Treppenhaus. „Komm runter und hilf mir in der Küche."

Mama! Immer dieser Befehlston. Konnte sie nicht einmal „bitte" sagen? Von mir wurde das doch auch verlangt.
„Ich bin noch an den Hausaufgaben!", schwindelte ich.
„Die kannst du später auch noch fertig machen", rief meine Mutter und ich hörte Ungeduld in ihrer Stimme. „Jetzt komm schon, deine Hausaufgaben macht dir schon niemand."
„Papa hat angerufen", empfing sie mich in der Küche. „Er ist von seinem Vorgesetzten zum Abendessen eingeladen worden. Es wird sicher wieder spät, bis er heimkommt. Ich habe mal wieder zu viel Kuchen gegessen und esse heute nichts mehr. Du kannst dir zum Abend Brote machen. Aber übertreib es mit der Wurst nicht."
Ich wollte schon fragen, ob es denn heute nichts Warmes gab, schluckte es jedoch wieder runter. Es war besser, Mama nicht zu reizen und so half ich wie immer brav und gehorsam. Vielmehr machte ich alles allein, während sie sich an den Esszimmertisch setzte und meinte: „So ein Nachmittag strengt schon an. Du kommst doch allein zurecht, Juliane? Ich brauche jetzt ein paar Minuten Ruhe."
Super! Was bitteschön war an einem Kaffeekränzchen anstrengend? Das verstand ich beim besten Willen nicht. So räumte ich den Kaffeetisch ab, verstaute den restlichen Kuchen im Kühlschrank und räumte das Geschirr in die Spülmaschine. Doch wenn meine liebe Mama nun glaubte, dass ich mich bei der Arbeit leise wie ein Mäuschen verhielt, täuschte sie sich. Ich klapperte recht laut mit dem Geschirr, passte allerdings auf, dass nichts zu Bruch ging und schlug recht fest die Tür der Spülmaschine zu.
„Geht's auch etwas leiser?"

Ich grinste, hatte aber keine Lust zu antworten und erledigte den Rest jetzt aber leise. Dann machte ich mir zwei Scheiben Brot, goss ein großes Glas O-Saft ein und ging ins Wohnzimmer. „Die Küche ist sauber. Ich bin oben und mache weiter meine Hausaufgaben. Ich muss aber mal an den Computer, etwas für den Unterricht recherchieren. Kann ich ausnahmsweise heute mal etwas länger dran bleiben?"
Ich wunderte mich selbst, wie leicht mir auch dieser kleine Schwindel über die Lippen kam. Eine Stunde täglich am PC, meist zu Schulzwecken, war eindeutig zu wenig. Ich wollte einfach mal nur zum Spaß im Netz surfen, wie es andere auch taten. Warum mussten meine Eltern auch so streng und altmodisch sein? Wenn bloß meine Mitschüler davon nicht Wind bekamen, ich wäre wieder einmal mehr ihrem Spott ausgesetzt, denn von meinem Limit am Computer wussten sie zum Glück nichts. Die Sache mit der Schule sorgte natürlich auch für Ärger, aber eher für meine Familie als für mich. Ich war keine Leuchte und würde es auch sicher niemals werden, dessen war ich mir durchaus bewusst. Das ganze Lernen machte mir überhaupt keinen Spaß, obwohl ich mir wirklich Mühe gab.
„Du lernst doch nicht für uns", war ein Leitsatz von Papa. „Du lernst für dich, damit du es später einmal zu etwas bringst."
Zu was bringe! Zu was denn? Wozu brauchte ich bitteschön Chemie oder Physik, wenn ich heute schon wusste, dass ich beruflich damit nichts am Hut hatte. Oder Mathe? Ich wollte bestimmt in keiner Bank sitzen oder sonst wo und mich mit Zahlen herumplagen, wie Papa das tat, wenn er Morgen für Morgen in Anzug, weißem Hemd und Schlips in seinen Betrieb fuhr. Selbst im Hochsommer. Er verpasste

selten die Tagesschau im Ersten – außer er kam später heim – und an den Wochenenden las er regelmäßig die Morgenzeitung beim Frühstück, was meine Mutter manchmal zur Weißglut trieb. Sonntags ging er in die Kirche, natürlich mit Familie.

Meine Eltern hätten mich ja gerne auf einem Gymnasium gesehen, aber Pustekuchen. Nicht einmal für die Realschule reichte mein Notendurchschnitt. So landete ich zu ihrem Ärgernis, besonders dem meiner Mutter, auf der Hauptschule.

„Nimm dir ein Beispiel an Klaus, der hat sein Abitur mit 1,2 bestanden."

Blabla, immer diese Vergleiche.

Meinem Bruder fiel das Lernen eben leicht. In der Schule war er schon ein Streber durch und durch gewesen und Klassenbester. Jetzt war er zwanzig und studierte seit über einem Jahr. Momentan in Amerika und wohnte dort bei einem ehemaligen Schulkameraden von Papa. Als einziger in der Familie machte Klaus mir keine Vorwürfe, weil ich nur auf die Hauptschule ging. Doch für meine Eltern und auch die Großeltern war ich in diesem Punkt eine Enttäuschung. Oft genug bekam ich das aufs Butterbrot geschmiert. Dabei hatte Mama, Tochter einer Realschul-Lehrerin und späteren Schuldirektorin, ja auch nur eine durchschnittliche Mittlere Reife geschafft. Das hatte ich einmal durch Zufall aufgeschnappt, was ganz sicher nicht für meine Ohren bestimmt gewesen war. Darüber geredet wurde allerdings niemals und ich hatte geschwiegen.

Der nächste Tag war ein Freitag.

Ich fuhr mit einem regelrechten Druck im Magen zur Schule. Heute sollten wir nämlich unsere Arbeit zurückbekommen. Der Bus war wie immer schon an meiner Haltestelle gut besetzt. Später stiegen weitere Schüler ein, auch aus meiner Klasse. Die wenigsten beachteten mich und als sie saßen, gab es nur noch ihre Smartphone.
„Hi, Jule!"
Nora, die wegen ihres Übergewichtes oft gehänselt wurde, setzte sich auf den freien Platz neben mich. Inzwischen hatte ich mich daran gewöhnt, "Jule" genannt zu werden.
„Hi, Nora", grüßte ich zurück, verspürte aber wenig Lust, mich zu unterhalten.
„Ich bin echt mal auf die Arbeit gespannt, die wir heute zurückkriegen", fing Nora an zu reden. „Französische Revolution."
„Geht mir genauso", erwiderte ich gezwungenermaßen, um nicht unhöflich zu sein. „Ich habe kein gutes Gefühl." Das war die Wahrheit, weil ich Geschichte noch nie mochte.
Die ganze Schule war nicht mein Ding.
Die Grund-, Haupt- und die Realschule befanden sich auf einem großen Gelände. Als wir dort ankamen, machte ich mich gleich auf die Suche nach Lara. Da sie auf die Realschule ging, würde ich sie sicher dort irgendwo finden. Ich hatte Glück. Etwas abseits vom allgemeinen Trubel stand sie bei einigen anderen Mädchen. Ich ging auf sie zu.
„Hi, Lara", begrüßte ich meine beste Freundin, die sich so angeregt unterhielt, dass sie gar nicht reagierte. Erst als ich sie am Jackenärmel zupfte, schaute sie sich um.
„Hi, Juliane. Du, die Mädels und ich müssen noch schnell was bequatschen, bevor es klingelt. Wir sehen uns dann in der großen Pause, okay?" Ohne eine Antwort abzuwarten,

drehte Lara sich wieder den anderen zu und ich war abgemeldet.
„Okay!", erwiderte ich dennoch und machte mich etwas enttäuscht auf den Weg in mein Schulgebäude.
In der großen Pause suchte ich wiederum meine Freundin und fand sie mit zwei anderen Mädchen, sicher ebenfalls Klassenkameradinnen, auf einer Bank sitzend. „Können wir jetzt kurz reden?", fragte ich hoffnungsvoll. Schließlich hatten wir uns seit Dienstag nur kurz in den Pausen gesehen. Und heute war schon Freitag.
„Geht grad nicht. Du siehst doch, dass ich nicht allein bin."
Ich war ja nicht blind. „Und wann hättest du heute Zeit?"
„Heute überhaupt nicht. Schule hab ich bis drei, dann Aufgaben machen und später bin ich schon verabredet. Wir wollen ins Kino. Der Film läuft nur noch heute. Du könntest ja mitkommen, aber du musst ja um acht daheim sein und der Film geht bis 21:00 Uhr."
„Was?", rief daraufhin eines der beiden anderen Mädchen. „Du musst echt um acht Uhr daheim sein? Wie uncool ist das denn." Sie lachte und die andere stimmte mit ein.
Ich dagegen schluckte und spürte, wie mir das Blut ins Gesicht schoss. Verzweifelt presste ich die Lippen aufeinander und brachte keinen Ton hervor. Ich warf einen Hilfe suchenden Blick zu Lara in der Hoffnung, dass sie etwas sagen würde.
Aber was tat sie? Tat so, als hätte sie nichts mitbekommen und holte seelenruhig ihr Smartphone aus der Jackentasche und meinte: „Ich muss rasch auf eine WhatsApp antworten. Wir können doch am Sonntag was zusammen machen. Ich rufe dich zu Hause an, einverstanden?"

Ich antwortete nicht, weil mir ein dicker Kloß im Hals saß. Als ich dann auch noch beinahe angefangen hätte zu heulen, drehte ich mich rasch um und ließ Lara und die anderen Mädchen stehen. Ja, ich kämpfte mit den Tränen, doch es schien zum Glück niemand auf mich zu achten. Es war mir oft schrecklich peinlich, so nahe am Wasser gebaut zu haben. In einiger Entfernung setzte ich mich auf eine freie Bank und wischte schnell mit dem Ärmel meiner Jacke über die Augen. Es sah wirklich nicht danach aus, als hätte jemand etwas gemerkt. Und wenn doch, dann würde ich mit Sicherheit nicht erzählen, dass ich mich über meine Freundin geärgert hatte. Ich fühlte mich in diesem Augenblick so richtig beschissen. Warum hatte Lara mich nicht einmal nach dieser blöden Bemerkung in Schutz genommen? Immer häufiger kam es in letzter Zeit vor, dass meine beste Freundin mich abservierte, manchmal sogar wie Luft behandelte, wenn sie in Gesellschaft war.
Aber so war Lara.

∞

Lara

Ich war sieben Jahre alt, als ich Lara Winter kennenlernte. Damals war ich noch ein fröhliches und glückliches Kind. Meine kleine Welt war noch ziemlich in Ordnung gewesen, auch wenn ich strenge Eltern hatte, täglich nur eine halbe Stunde fernsehen durfte und der Computer für mich noch tabu war, während die meisten in meiner Klasse schon damit Umgang hatten, sei es auch nur, um zu spielen.
Ich besaß dafür jede Menge Hörspiel-CDs, von Mama sorgsam ausgewählt, Spiele, Mal- und Bilderbücher und einiges

mehr. Sogar eine Flöte hatte ich, doch es war vergebene Liebesmühe, mir das Spielen beizubringen und so verschwand das gute Stück irgendwann auf Nimmerwiedersehen. Ich tobte viel im Garten herum, vor allem dann, wenn meine damalige Freundin Angelina bei mir sein durfte. Damals fühlte ich mich von meinen Eltern auch noch geliebt.
Lara war nach der Scheidung ihrer Eltern mit der Mutter in unser schönes Städtchen Rosenau am See gezogen. Sie war fast gleichaltrig und kam in meine Klasse.
Ich mochte das eher stille Mädchen mit dem schmalen Gesicht, den großen blauen Augen und dem dunkelblonden Pferdeschwanz auf Anhieb. Lara war anfangs sehr zurückhaltend und schaute immer so traurig aus, was in mir den Beschützerinstinkt weckte. Sie litt sehr unter der Trennung ihrer Eltern und fühlte sich in der kleinen Wohnung der Oma, bei der sie wohnten, nicht wohl.
Im Gegensatz zu mir war Lara jedoch bald eine der besten Schüler der Klasse. Gemeinsam mit meiner damaligen Freundin Angelina verbrachten wir während der Pausen viel Zeit zusammen. Es dauerte nicht lange, da waren Lara und ich unzertrennlich. Ich glaubte damals noch, dass Angelina genauso wie ich Freundschaft für Lara empfand und umgekehrt, weil wir doch ein tolles Dreiergespann waren. Zu unserer Grundschule gehörte auch ein Hort, wo die Kinder berufstätiger Eltern blieben, bis sie abgeholt wurden. Und zu denen gehörte auch ich.
Dass sich Freundinnen auch mal gegenseitig zu Hause besuchen wollen, war uns klar. Zuerst sollte es bei Lara sein. Da Mama damals noch die ganze Woche über arbeitete, kam nur das Wochenende infrage. Sie entschied sich für einen Samstag. Ich war an diesem Tag recht aufgeregt und

freute mich auf den Besuch. Natürlich war ich der Meinung, dass auch Angelina eingeladen war.

„Nö, ich will aber, dass nur du kommst", erklärte mir Lara, und ich dachte mir damals nichts dabei.

Meine Mutter hatte mich in die Adlerstraße gebracht. Dort gab es nicht mal einen Garten. Keinen Hof, auf dem man Ball spielen konnte oder Verstecken. Nur hohe Häuser, eines neben das andere gebaut. Lara wohnte in einer kleinen Wohnung im dritten Stock. Ihre Oma war ganz lieb, ihre Mutter musste arbeiten, obwohl Samstag war. Es gab Kakao und Kekse, danach spielten wir am Küchentisch Memory. Ein eigenes Zimmer, so wie ich, besaß Lara nicht.

Später holte Mama mich wieder ab.

Natürlich wollte ich, dass meine Freundin mich auch mal besuchen kam. Mama war allerdings dagegen. „Schau mal, Juliane", hatte sie gesagt, „die Lara ist ja ein nettes Mädchen, aber wenn sie sieht, wie wir wohnen, dann ist sie bestimmt neidisch und vor allem traurig, weil es ihr nicht so gut geht wie dir."

Was verstand ich damals denn schon von Neid? Trotzdem rief ich in meiner kindlichen Art: „Das glaube ich nicht, Angelina war doch auch schon hier."

„Bei Angelina ist es auch etwas anderes."

Was hatte Mama wohl wieder damit sagen wollen? Ich wollte Lara doch auch mein Zuhause zeigen. „Bitte, Mama", flehte ich.

„Ich habe nein gesagt und dabei belassen wir es. Ihr könnt euch in der Schule treffen oder ich bringe dich auch mal wieder zu ihr nach Hause."

Ich kam gegen Mamas Strenge einfach nicht an und musste parieren. So hatte ich mein Glück bei Papa versucht. Er

mischte sich nur selten in die Erziehung ein, aber in diesem Punkt stand er ganz auf Mamas Seite.
Wie sollte ich es anstellen, dass Lara doch noch zu mir nach Hause durfte?
Und mir war etwas eingefallen.
Wir hatten alle zwei Wochen Dienstag in der letzten Stunde frei. Da Lara immer mit dem Schulbus heimfahren durfte, musste ich wie an jedem Tag im Hort warten, bis Mama mich dort so gegen 16:00 Uhr abholte. Aber an diesem Dienstag sollte es anders kommen.
Lara hatte schon am Tag vorher ihrer Oma gesagt, dass sie nach der Schule mit zu mir nach Hause kommen durfte. Mama brachte mich zwar täglich mit dem Auto zur Schule und holte mich wieder ab – darauf bestand sie, aber trotzdem kannte ich den Weg von der Schule in unsere Straße sehr genau. Das Wissen, einmal etwas Unerlaubtes zu tun, hatte mir damals ein enormes Glücksgefühl verschafft. Ganz stolz war ich neben Lara hergegangen und hatte mich so unbeschreiblich wohl und frei gefühlt. Wie ein großes Mädchen. Natürlich war niemand zu Hause, aber ich konnte Lara wenigstens unser Haus von außen und den schönen Garten zeigen. Das Wetter war zum Glück schön und im Gartenhäuschen gab es außerdem genug zum Spielen.
„Mann, ihr habt ein Haus ganz für euch allein", schwärmte sie. Dann senkte sie ihren Kopf und meinte: „Als wir noch bei Papa wohnten, hatten wir kein Haus, aber eine super große Wohnung und ich mein eigenes Zimmer. Bei Oma ist alles so klein und eng. Euer Garten ist toll. Hast du ein eigenes Zimmer?"
Ich nickte. „Mama arbeitet in der Klinik und massiert die Kranken. Wenn sie kommt, zeig ich dir drin alles", hatte ich

ihr versprochen. In meiner Kindlichkeit hatte ich doch tatsächlich angenommen, wenn Lara erst einmal im Garten war, würde Mama mir auch erlauben, dass ich ihr mein Zimmer zeigte.

An diesem Tag gab es mächtigen Ärger. Ich hatte vor lauter Freude über meinen tollen Plan nicht über die Folgen nachgedacht. Ich war ja erst acht.

Im Hort fehlte ich natürlich unentschuldigt. Die Lehrerin hatte auch nicht gewusst, wo ich war und so wurde umgehend die Polizei verständigt. Die Rektorin rief sogar meine Mutter im Krankenhaus an, die sofort in der Schule erschienen war, nachdem sie Papa in der Firma verständigt hatte. Im ganzen Umkreis suchten sie nach mir, sogar einen Hubschrauber hatten sie eingesetzt. Erst als ein Aufruf im Radio kam, hatte sich ein Nachbar unserer Familie gemeldet und Entwarnung gegeben.

Dumm gelaufen für mich.

Klar gab es daraufhin eine saftige Strafpredigt, vier Wochen Hausarrest und Fernsehverbot. Danach war mein Wunsch, Lara zu mir einzuladen nur noch größer geworden. Aber uns blieben leider nur die Pausen in der Schule und gelegentliche Besuche bei ihr zu Hause. Erst ein Jahr später, als ihre Mutter einen Mitarbeiter vom Rosenauer Morgenblatt heiratete und sie in eine schicke Eigentumswohnung zogen, wurde mein sehnlichster Wunsch wahr.

Als wir zehn Jahre alt waren, wechselte Lara zur Realschule und ich zur Hauptschule. Ich war damals viel zu sehr auf meine Freundin fixiert gewesen, als dass ich bemerkt hätte, wie meine andere Freundin Angelina sich immer mehr von uns zurückzog und sich schließlich anderen Mädchen anschloss.

„Weißt du, warum Angelina nicht mehr mit uns zusammen sein will?", fragte ich Lara.
Doch die meinte nur: „Lass sie doch. Sie wird schon ihre Gründe haben. Außerdem haben wir doch noch uns und brauchen sonst niemand. Versprochen?"
Aber ich hätte Angelina auch gerne weiter als Freundin behalten, und das sagte ich Lara auch.
Mein Fehler!
„Dann lauf doch zu ihr, wenn du nicht mit mir allein sein willst!"
Ich werde niemals ihren bösen Blick vergessen, mit dem sie mich dabei anschaute. Und weil ich nicht wollte, dass sie böse auf mich war, gab ich ihr das Versprechen, dass wir beide nur uns zu Freundinnen wollten.
In der folgenden Zeit war Lara ständiger Gast bei uns und meine Freude, sie bei mir zu haben, war einfach grenzenlos.
„Bei dir ist es viel schöner als bei uns. Du hast so tolle Spielsachen und CDs", sagte sie oft zu mir. „Und ihr habt einen so tollen Garten, wir nicht mal einen Balkon. Und wenn mein Stiefvater daheim ist, will er seine Ruhe."
„Ist er denn nicht lieb zu dir?", wollte ich wissen.
„Doch, aber er sitzt dann in seinem Arbeitszimmer und muss noch arbeiten. Mama hält natürlich zu ihm. Manchmal wünsche ich mir, Papa wäre wieder mit Mama zusammen."
Finanziell ging es Lara und ihrer Mutter jedenfalls besser, trotzdem bekam sie nicht sehr viel Taschengeld. So gab ich ihr manchmal noch von meinem wenigen etwas ab. Lara verstand es hervorragend, mir hin und wieder ein Spielzeug oder CDs abzuluchsen. Auch so manches Buch wechselte den Besitzer. Ich konnte einfach nicht nein sagen und zum Glück merkte Mama selten etwas davon, obwohl sie ständig

in meinem Zimmer herumkontrollierte. Wenn sie doch einmal etwas merkte, sagte ich nur, dass Lara es sich ausgeliehen hatte.

Einmal kam es vor, dass sie versehentlich meinen CD-Spieler vom Tisch stieß, er war kaputt und sie flehte mich an, die Schuld auf mich zu nehmen. „Mama ist doch grad arbeitslos und will ihren Mann nicht unnötig um Geld bitten, er zahlt ja schon die Kosten für die Wohnung und das Essen. Deine Eltern kaufen dir bestimmt einen neuen."

Natürlich gab es keinen, was Lara ziemlich gemein fand.

„Du musst lernen, auf deine Sachen aufzupassen, Juliane", war Mamas Erklärung. „Spar dir dein Taschengeld, dann kannst du dir davon einen neuen Spieler kaufen. So weißt du in Zukunft, was die Sachen kosten. Oder du wartest bis Weihnachten."

Taschengeld sparen? Von dem bisschen?

Im Laufe der Zeit hatten wir uns verändert. Lara war immer hübscher, aufgeschlossener und kontaktfreudiger geworden. Das stille und traurige siebenjährige Mädchen von einst wusste inzwischen genau, was es wollte. Lara liebte es bald im Mittelpunkt zu stehen und sie war sich ihrer Ausstrahlung durchaus bewusst. Sie flirtete schon mit dreizehn gerne mit den Jungs. Inzwischen hatte sich auch ihr Freundeskreis drastisch vergrößert und von ihrem Versprechen, dass wir nur uns zu Freundinnen hatten, war nichts mehr zu spüren.

„Aber du bist und bleibst doch meine beste Freundin", schwor sie mir gegenüber immer wieder.

Was mich betraf, so war ich immer zurückhaltender geworden. Auch das Verhältnis zwischen meinen Eltern, besonders das meiner Mutter zu mir hatte sich verändert. Sie war

auch strenger und wie von Mitschülern etwas abfällig erwähnt "spießig" geworden. Dazu kam das Gefühl, plötzlich nicht mehr geliebt zu werden. Ich begann, vieles in mich reinzufressen und verlor – bis auf wenige Male - immer mehr den Mut, mich durchzusetzen.
Das war auch Grund dafür, dass ich mir viel zu viel von Lara gefallen ließ, weil ich Angst hatte, sie zu verlieren. So war es dann auch, als die zwei Mädchen auf dem Schulhof über mich lachten, weil ich abends um 20:00 Uhr zu Hause sein musste. Und Lara hatte mich nicht einmal verteidigt oder in Schutz genommen ...
„Träumst du? Es hat schon zum ersten Mal geklingelt!"
Ich saß nach Laras Abfuhr immer noch auf der Bank und schreckte hoch, als Nora vor mir stand und mich aus meiner Erinnerung riss. Ich hatte nicht den Eindruck, dass sie bemerkte, wie elend ich mich gerade fühlte. Und das war auch gut so. „Jetzt kommt die Stunde der Wahrheit, wir bekommen unsere Arbeit zurück."
Ich ließ einen Seufzer los, stand auf und gemeinsam gingen wir ins Schulgebäude zurück.
Wie ich es schon vorausgeahnt hatte, fiel die Arbeit nicht gut aus. Eine vier minus, die schlechteste Note von allen. Natürlich war das wieder ein gefundenes Fressen für meine Mitschüler. Ich konnte die schadenfrohen Gesichter von einigen direkt in meinem Rücken spüren, als ich später die Klasse verließ.

An diesem Freitag ging ich ohne zu trödeln heim. Mama musste um 15:00 Uhr zur Arbeit und es würde mit Sicherheit Ärger geben, wenn ich zu spät zum Mittagessen erschien. Ich betete insgeheim darum, dass sie mich nicht

nach der Geschichtsarbeit fragte. Aber weit gefehlt. Ich musste Farbe bekennen. Es gab natürlich wieder Vorwürfe.
„Wenn du weniger mit Lara zusammenhängen würdest, und dafür mehr für die Schule lerntest, wären deine Noten auch besser. Was soll nur aus dir werden, Juliane? Nimm dir mal ein Beispiel an deinem Bruder."

Am Sonntag wartete ich vergebens auf Laras Anruf und so sahen wir uns erst am nächsten Tag in der Schule wieder.
Noch bevor die erste Stunde anfing, lief ich über den Schulhof und hielt Ausschau nach meiner Freundin, fand sie aber nirgends. Erst in der großen Pause entdeckte ich sie. Lara stand bei einigen Jungen, die sich verdrückten, als ich auftauchte. Als sich unsere Blicke trafen, meinte Lara: „Sorry, dass ich nicht angerufen habe. Ich war bei Leonie zum Geburtstag eingeladen, da konnte ich dich ja nicht mitbringen."
Leonie war eine weitere Freundin von Lara und ging in die gleiche Klasse.
„Und von dem Geburtstag hast du am Freitag noch nichts gewusst?", fragte ich zögerlich. Meine Enttäuschung konnte ich wieder einmal gut verbergen. „Ich habe den ganzen Tag auf deinen Anruf gewartet."
„Meine Güte, ich habe mich doch entschuldigt. Jetzt mach bloß kein Drama draus."
„Mach ich nicht, aber du hättest wenigstens kurz Bescheid sagen können oder war der Geburtstag schon am Morgen?"
Ich war wieder einmal traurig. Es bedrückte mich jedes Mal, wenn Lara so kühl und unfreundlich mir gegenüber war. Dabei hatte ich doch überhaupt nichts dagegen, wenn sie auch mal mit ihren anderen Freundinnen etwas unternahm, ohne dass ich dabei war.

„Hättest du ein Smartphone, dann hätte ich dir ja eine WhatsApp geschickt, aber so ..."
„Ich habe aber keines. Du hättest mich auch kurz über Festnetz anrufen können. Sehen wir uns wenigstens später?"
„Weiß nicht. Hab ja erst um drei aus, dann muss ich Hausaufgaben machen."
„Vielleicht danach. Meine Mutter hat heute auch Spätdienst und kommt erst so gegen acht Uhr abends heim. Wir könnten ein bissel Musik hören oder am Computer surfen."
„Pah, eine Stunde surfen, ist doch langweilig. Musik höre ich zu Hause genug. Mir geht das nicht in den Kopf, warum deine Eltern so spießig sind und dich so kurzhalten. Ich bringe mein Smartphone mit, dann siehst du, was du versäumst."
Super! Ich wusste auch so, was ich versäumte.
Warum musste Lara alles, was meine Eltern betraf, in letzter Zeit so madig machen? Ich erinnerte mich an Momente, in denen sie froh war, bei mir zu sein. Wie oft beschwerte sie sich über ihren Stiefvater. Er war zwar nicht böse, aber sehr knauserig. Ihre Mutter musste um alles betteln. So hatte Lara von ihrem leiblichen Vater ein Smartphone bekommen. Zum Glück hatte ihre Mutter inzwischen wieder einen Halbtagsjob gefunden. Doch wenn ich Lara auf ihre Familienverhältnisse ansprach, blockte sie immer gleich ab.
Einige Mädchen kamen des Weges. Sie waren mit ihrem Smartphone beschäftigt und blieben vor Lara und mir stehen. „Du, Lara, ich muss dir unbedingt das neue Video von Frank zeigen. Du kriegst dich nicht mehr ein", sagte eines von ihnen.
Mich beachteten sie überhaupt nicht.

„Schicks´ mir einfach per WhatsApp", antwortete Lara und holte ihr Smartphone hervor.
Ich kam mir plötzlich überflüssig vor.
„Dann bleibts bei heute Abend?", fragte ich und ging, nachdem Lara lediglich ein „jaja" gemurmelt hatte.

Ich war schon ein gutes Stück von den Mädchen entfernt, als ich diese laut lachen hörte. Wie gerne hätte ich mir auch das Video mit ihnen angeschaut und darüber gelacht. Aber ich hatte mich nicht getraut zu fragen und Aufdrängen war andererseits auch nicht mein Ding.

Es läutete zur vierten Stunde, Mathematik. Ich konnte mich überhaupt nicht auf den Unterricht konzentrieren, weil ich an Lara und ihr Verhalten mir gegenüber denken musste. Was machte ich nur falsch?
Die Antwort darauf hätte ich mir ja selbst geben können, wäre ich mutiger gewesen und hätte nicht so viel Schiss vor ihrer Reaktion gehabt.
„Juliane Klein!" Herrn Koltheiß' Stimme holte mich in die Gegenwart zurück. „Könntest du bitte am Unterricht teilnehmen? Ansonsten müsste ich dich nachsitzen lassen."
Einige lachten.
„Jule träumt sicher von einem Smartphone!", rief Kai, der schräg hinter mir saß.
Worauf die anderen noch mehr lachten, bis Herr Koltheiß dazwischen rief: „Können wir jetzt bitte mit dem Unterricht weitermachen? Und außerdem besteht kein Grund zum Lachen."
Ich brachte die Stunde irgendwie hinter mich. Als unser Lehrer die Klasse verlassen hatte, steckten einige Mitschüler

ihre Köpfe zusammen. Was sie tuschelten, konnte ich genau hören. War sicher auch so gedacht.
„Hey, Jule, soll ich dir mein iPhone mal ausleihen?", rief Niklas mir zu.
Ich presste die Lippen aufeinander und verließ rasch die Klasse. Dabei hörte ich noch, wie Tanja, die in der Bank vor mir saß, mich verteidigte: „Jetzt lasst sie doch in Ruhe. Was kann sie denn dafür, dass ihre Eltern so altmodisch sind?"
Warum ließ ich mir überhaupt das Stänkern einiger meiner Klassenkameraden gefallen? Warum wehrte ich mich nicht? Auch hier wusste ich im Innern die Antworten, doch die blieben unausgesprochen.
Es gab Tage, da würde ich am liebsten gar nicht zur Schule gehen und das war wieder so einer gewesen. Als ich über den Schulhof Richtung Ausgang ging, lief mir Angelina, die Freundin aus Kindertagen über den Weg. Sie besuchte genau wie Lara die Realschule. „Hi, Juliane. Du siehst aus, als hätte dich jemand geärgert. Etwa Lara? Ich habe euch in der großen Pause beobachtet und gesehen, wie sie dich wieder einmal hat abblitzen lassen, als die anderen Mädchen zu euch kamen. Warum lässt du dir das gefallen? War ja nicht das erste Mal."
Ich schluckte, dann zuckte ich nur mit den Schultern und wich Angelinas Blick aus. Es war das erste Mal seit etwa vier Jahren, dass wir wieder mal mehr miteinander sprachen, als nur einen Gruß, wenn wir aneinander vorbeigingen. Ich konnte ihr doch nicht sagen, dass ich Schiss hatte und mich nicht traute, Lara mal, was diesen Punkt anging, die Meinung zu sagen.
Ich hatte einfach nur Angst, sie zu verlieren.

So erwiderte ich nur: „Lara betont doch oft genug, dass ich ihre beste Freundin bin." Dass mir das manchmal schwerfiel zu glauben, behielt ich für mich.
„Und das genügt dir, wenn sie dich damit beruhigt, dass du ihre beste Freundin bist? Sei mir bitte nicht böse, aber wie alt bist du, dass du dich immer wieder von ihr hinhalten lässt? Wie wäre es, wenn wir zwei uns mal wieder treffen? Oder erlaubt Lara das nicht?"
Ich schaute Angelina verblüfft an. „Erlauben? Warum sollte sie mir das nicht?"
„Ich ... ich meine ja nur. Also, was ist? Du weißt doch sicher noch, dass ich Samstag Geburtstag habe. Ich möchte dich einladen, so wie früher, als wir noch Freundinnen waren."
„Gerne, ich komme gerne. Gott sei Dank habe ich samstags keinen Konfirmandenunterricht mehr."
„Wann ist Konfirmation?"
„Nächsten Sonntag. Von mir aus könnte alles schon vorbei sein. Opa und Oma werden dann sicher wieder mal viele gute Ratschläge für mich übrig haben. Dann halten sie mir schon zum hundertsten Mal vor, dass ich "nur" die Hauptschule besuche und wie toll sie finden, dass Klaus studiert."
In diesem Moment läutete es.
„Mittagessen", entschuldigte sich Angelina. „Also bis Samstag so um 15:00 Uhr?"
Ich nickte und wir trennten uns.

Auf dem Heimweg fiel mir wieder Angelinas Frage ein. Warum sollte mir Lara nicht erlauben, mich mit einem anderen Mädchen zu treffen? Sie tat das ja ständig und fragte mich

auch nicht. Jetzt freute ich mich erst einmal auf den Samstag.
Ich hatte noch keine große Lust, nach Hause zu gehen – es war ohnehin niemand da. So machte ich einen Abstecher in Toms Bücherstube. Da Kundschaft im Laden war, gab er mir das Buch und ich verzog mich in meine gemütliche Ecke. Bald war ich eingetaucht in Harrys Welt Hogwarts. Heute konnte ich etwas länger lesen, weil meine Mutter schon um eins zur Arbeit gefahren war. Mamas unterschiedliche Arbeitszeit war manchmal ganz schön nervig.

Zu Hause lag dann ein Zettel mit Mamas krakeliger Schrift auf dem Küchentisch: *Bohneneintopf steht im Kühlschrank, vergiss nicht, dein Geschirr ordentlich in die Maschine zu räumen, Wohnzimmer und Küche saugen und bring den Müll raus.*
Was hatte Mama denn den ganzen Vormittag über gemacht, außer Eintopf gekocht? Ich kam mir echt vor wie ein Dienstmädchen. Aber hatte ich eine Wahl? So aß ich die aufgewärmten Bohnen und arbeitete den Rest des Zettels ab. Danach war Zeit für die Hausaufgaben. Ich staunte nicht schlecht, als Lara später doch noch erschien.
„Du siehst, ich habe Wort gehalten", begrüßte sie mich überschwänglich. „Hast du 'ne Cola? Ich habe so 'nen Durst. Bei uns gab es heute Chili. Früher hat Mama das scharfe Zeug nie gemacht, aber mein Stiefvater mag es, und sie kocht alles, was ihm schmeckt." Lara verzog dabei das Gesicht. „Am Wochenende bin ich übrigens bei meinem

Vater und seiner Neuen. Lust hab ich keine drauf, aber Mama will es, weil er Geburtstag hat."
„Wann warst du denn zum letzten Mal bei ihm?"
Lara zuckte mit den Schultern. „Weiß es gar nicht mehr so genau. Ist schon 'ne Weile her. Und, haste 'ne Cola?"
„Nö, Cola hab ich nicht, das weißt du doch."
„Ach ja, stimmt. Sowas gibt's bei euch nicht. Ihr lebt ja sowas von gesund." Lara verzog abermals das Gesicht. „Dann nehm ich halt Wasser."
Ich holte aus der Küche eine Flasche Mineralwasser und zwei Gläser.
„Sag mal, wie lange bleibt Klaus denn noch in Amerika?", fragte Lara.
Weshalb wollte sie das unbedingt wissen? „Bis September, soviel ich weiß. Warum?"
„Nur so", erwiderte sie und trank ein zweites Glas Wasser. „Ein Studium dort ist sicher teuer, oder? Aber ihr könnt es euch ja leisten."
Lag da wohl ein Touch Ironie drin? Oder vielleicht Neid?
„Keine Ahnung, was das kostet. Es war sein Wunsch, für ein oder zwei Semester rüber zu gehen. Ein alter Schulfreund von Papa lebt dort in New York, bei ihm wohnt Klaus."
Ich liebte zwar meinen Bruder, aber ich hatte keinerlei Interesse an seinem Pharmazie-Studium.
„Was ist jetzt, surfen wir im Netz?"
„Geht leider nicht", erwiderte ich enttäuscht. „Papa ist noch nicht da und ich gehe nicht an seine Anlage."
„Und wann kommt dein Vater heim?"
„Meistens zwischen 17:00 und 17:30 Uhr. Aber heute scheint er wieder Überstunden zu machen oder er ist zum

Essen eingeladen. Lass uns CDs hören, ja?" Da ich so selten Gelegenheit hatte, im Netz zu surfen, wäre mir das auch lieber gewesen.
„Pah, Musik kann ich daheim immer hören."
„Im Netz surfen tust du zu Hause auch oft genug. Aber zusammen Musik hören ist doch auch mal schön. Das haben wir doch früher oft gemacht und es hat dir immer gefallen. Oder wollen wir uns einen Videofilm angucken?"
„Deine Filme kenne ich inzwischen in- und auswendig."
„Und was ist mit deinem Smartphone? Du kannst doch mit dem auch ins Netz, oder?"
„Nö, keine Lust jetzt."
Ich hatte den Eindruck, dass Lara sich langweilte und deshalb immer ungeduldiger wurde. Egal, was ich ihr vorschlug, passte ihr heute nicht.
„Was ist eigentlich los mit dir?", fragte ich schließlich. „Hast du Ärger oder ist es, weil du nicht zu deinem Vater willst? Du kannst mir doch sagen, wenn du dich über etwas geärgert hast, dafür sind doch Freunde da."
„Ach, es ist wegen Julian. Du kennst ihn nicht, er ist zwei Klassen über mir. Sieht super aus und fährt Mofa. Zuerst baggert er mich an und tut so, als würde er was von mir wollen und dann macht er ein Date mit Carina für Samstag aus."
„Du hast mir gar nicht erzählt, dass du einen Freund hast!"
Es versetzte mir einen Stich im Magen, weil sie mir so etwas Wichtiges verschwiegen hatte.
„Es ist ja noch nichts Festes, aber wenn der jetzt denkt, ich lass mich auf ihn ein, nachdem er mit Carina sonst wo war, irrt er sich. Dann kann er mich mal. Ich lass ihn einfach zappeln." Plötzlich hellte sich Laras Gesicht auf. „Wie wäre es

mit Eis essen? Lass uns ins Café am Eck gehen. Bis du um acht Uhr brav daheim sein musst, bist du längst wieder hier", schlug sie vor.
Mit dem Gedanken konnte ich mich anfreunden. Jedoch das „brav daheim sein" lag mir nun doch schwer im Magen. Ich schluckte eine Bemerkung runter.
Es war gerade erst halb sieben, also noch genug Zeit, um ein Eis essen zu gehen. Ich schrieb noch rasch eine Nachricht für Papa, falls er vor mir zu Hause war.

∞

Neue Bekanntschaft

Das Café lag etwa fünf Minuten Fußweg von der Mörikestraße entfernt. Um diese Zeit war jedoch nicht mehr viel los und wir fanden einen Platz gleich am Fenster. Wir hatten gerade unseren Eisbecher bekommen, als mich Lara anstieß: „Schau mal ganz unauffällig zur Tür."
Ich tat es. „Meinst du die beiden Jungs?", fragte ich überflüssigerweise.
„Dachtest du die Tür? Klar meine ich die."
Wir beobachteten, wie die beiden sich an einen Tisch in unserem Blickfeld setzten.
„Sind die nicht süß?", flüsterte mir Lara zu. „Besonders der Blonde."
Ich wunderte mich über Lara. Gerade vorhin hatte sie sich noch über diesen Julian geärgert, weil der mit einer anderen verabredet war. Ich beobachtete die zwei natürlich auch, obwohl ich zu meiner Schande gestehen musste, dass ich mir noch keine großen Gedanken über Jungs gemacht hatte. Bisher war ich auch noch keinem begegnet, bei dem ich den

Wunsch verspürte, ihn näher kennen zu lernen. Spontan sagte ich: „Mir gefällt der Dunkelhaarige besser."
„Der trägt `ne Brille", meinte Lara etwas abfällig, wie ich fand.
„Na und? Mir ist es egal."
Die Bedienung war jetzt bei den Jungs und kam kurz darauf zu uns. „Die zwei dort am Tisch lassen fragen, ob sie sich zu euch setzen dürfen."
„Na klar", rief Lara freudig, bevor ich ablehnen konnte.
Mir war nicht wohl bei dem Gedanken. Wir kannten die zwei ja nicht einmal. Außerdem hätten sie ja selbst fragen können. Aber meine Freundin schien das nicht zu stören. Kurz darauf setzten sich die beiden zu uns.
„Gemeinsam Eis essen ist doch schöner als allein", meinte der Blonde. „Und dann auch noch mit zwei so hübschen Ladies."
War das eine Anmache, dachte ich und fühlte mich in meiner Haut nicht wohl.
Lara hingegen lächelte den Blonden an. „Ich bin Lara", sagte sie und warf einen Blick zu mir. „Und das ist meine Freundin Juliane."
Als ob ich mich nicht selbst vorstellen könnte. Ich schluckte meinen aufkommenden Ärger wieder runter. Kurz darauf wussten wir, dass der Blonde Roman und der Dunkelhaarige Felix hieß. Lara unterhielt sich nun mit Roman, das heißt, sie fragte ihn regelrecht Löcher in den Bauch. Zwischen Felix und mir wollte irgendwie keine Unterhaltung aufkommen. Ob es wohl an mir lag? Ganz sicher, denn viel Erfahrung mit Jungs hatte ich noch nicht.
So stocherte ich nervös in meinem Eis herum, das allmählich vor sich hin schmolz.

„Schmeckt es dir nicht?", fragte der Dunkelhaarige. Ich zuckte zusammen, wollte etwas sagen, doch ich bekam keinen Ton heraus. Was der wohl von mir dachte? Erst nachdem ich mich geräuspert hatte, ging es. „Doch, aber ich habe keinen richtigen Hunger drauf."
Was redete ich da für einen Unsinn? Ich hatte mich doch gefreut, mit Lara Eis essen zu gehen.
„Eis kann man doch immer essen", sprach Felix weiter. Sicher, um endlich eine Unterhaltung aufkommen zu lassen. Aber es klappte zwischen uns einfach nicht. So holte Felix sein Smartphone heraus und beschäftigte sich damit. Das wiederum gefiel mir auch nicht, aber ich war ja selbst schuld. Warum war ich nur so aufgeregt und mundfaul?
Zugeknöpft, würde Lara sagen, wenn sie nicht zu sehr mit dem Blonden beschäftigt wäre. Jetzt hatte ich mal die Gelegenheit, einen Jungen kennenzulernen und ich verpatzte es. Ich igelte mich ein. Aber so wie Lara, gleich voll in eine Unterhaltung einzuteigen, brachte ich einfach nicht fertig.
Ich schob meinen Eisbecher fort und schaute auf meine Armbanduhr. Ich erschrak. „Lara, es ist bald acht. Wir müssen gehen", sagte ich und winkte die Bedienung herbei.
„Du kannst ja gehen, ich muss ja nicht um 20:00 Uhr daheim sein."
Das saß. Typisch Lara! Sie ließ keine Gelegenheit aus, mich zu blamieren. Roman und Felix, der von seinem Smartphone aufschaute, sahen mich an. In diesem Moment wäre ich am liebsten im Erdboden versunken.
„Du musst echt um acht daheim sein? Wie alt bist du denn?", fragte Felix.

Was ging die beiden unser Alter an? Ich dachte nicht daran, es ihnen zu sagen, aber Lara musste sich natürlich wieder vordrängen. „Wir sind beide fünfzehn", erwiderte sie.
Die Jungs schauten sich an und ich befürchtete schon, dass sie gleich einen Lachkrampf bekamen. Taten sie zwar nicht, aber Felix´ "Dann lass dich nicht aufhalten" ärgerte mich total.
Ich bezahlte und machte mich so schnell es ging davon.
Hoffentlich sah ich die beiden Jungs niemals wieder, dachte ich auf dem Heimweg.
Ich hatte an diesem Abend Glück, dass meine Eltern beide erst gegen 20:30 Uhr heimkamen.

Am nächsten Tag ging ich Lara aus dem Weg, weil ich mich noch immer über sie ärgerte. Außerdem wusste ich nicht, wie ich mich ihr gegenüber verhalten sollte. Ich möchte nichts Falsches zu ihr sagen aus Angst, sie könnte beleidigt sein oder mir gar die Freundschaft kündigen.
In der Pause zwischen der vierten und fünften Stunde fing sie mich ab. „Schade, dass du gestern so früh gegangen bist. Wir haben uns noch lange unterhalten. Roman ist echt süß. Er ist schon siebzehn und mag die gleiche Musik wie ich. Er und Felix gehen aufs Goethe-Gymnasium. Wir wollen uns heute Abend wieder treffen."
Ich fasste all meinen Mut zusammen und fragte nun doch das, was ich eigentlich nicht fragen wollte: „Warum hast du den Jungs überhaupt erzählt, dass ich so früh zu Hause sein muss? Das geht die doch gar nichts an." Ich hatte Lara beobachtet, während ich sprach.
„Meine Güte, da ist doch nichts dabei", antwortete sie für meine Begriffe etwas unfreundlich und schaute ganz

nebenbei auf ihr Smartphone anstatt zu mir. „Du bist auch gleich so empfindlich. Außerdem kannst du ja nichts dafür, dass deine Eltern so altmodisch sind."
„Trotzdem hättest du es nicht sagen sollen. Wenn du heute Abend schon etwas vor hast, sehen wir uns dann morgen?"
Lara zuckte mit den Schultern. „Keine Ahnung, kann ich dir jetzt noch nicht sagen. Hängt sicher vom heutigen Date ab."
Es klingelte und wir trennten uns.

Ich war froh, als die Schule aus war und ich gleich meinen Bus erwischte. Leider fehlte mir heute aber die Zeit, noch zu Tom zu gehen, um etwas in meinem Buch zu lesen. Schweren Herzens ging ich also am Laden vorbei und war bald darauf zu Hause. Es war natürlich wieder so ein Tag, an dem es Mama furchtbar eilig hatte, weil sie sich im Gemeindehaus mit anderen Ehrenamtlichen traf. Wie an jedem Dienstagnachmittag.
„Beeil dich, Juliane!", empfing sie mich, kaum dass ich die Haustür hinter mir zugedrückt hatte. „Deck schon mal den Tisch für uns beide, ich schütte nur noch die Kartoffeln ab. Aber wasch dir vorher die Hände."
Als ob ich das nicht selbst wüsste.
„Warum kochst du überhaupt, wenn du es immer so eilig hast, Mama?", fragte ich während wir aßen. „Ich kann mir doch an Tagen wie heute was holen oder selbst machen. Bin ja kein kleines Kind mehr."
„Ich kann mir schon denken, was du dir holst. Currywurst, Hot Dogs oder sonst solches ungesunde Zeug."
Hot Dogs bräuchte ich nicht einmal, aber so `ne Currywurst war doch was Leckeres. Ab und zu hatten wir das bei Lara zu Hause gegessen, aber das mussten meine Eltern ja nicht

wissen. „Ich kann mir wirklich selbst was kochen, dann hättest du weniger Stress."
Hatte ich das wirklich gesagt?
„Wie kommst du darauf, dass ich Stress habe?" Meine Mutter schaute mich etwas irritiert an, fand ich. „Wenn du pünktlich heimkommst und mir gleich zur Hand gehst, sind wir doch rasch fertig."
Da ich mich immer noch über Lara ärgerte, hatte ich echt keine Lust auf weitere Streitereien und aß schweigend zu Ende.
„Räum bitte ab und stell alles in die Spülmaschine. Ich zieh mich rasch um", sagte Mama, als sie vom Tisch aufstand. „Und mach deine Hausaufgaben", rief sie mir noch zu, bevor sie nach oben ging.
Zehn Minuten später erschien sie in der Küchentür, als ich gerade das Geschirr einräumte. „Ich gehe jetzt. Bin so gegen 18:00 Uhr zurück."
„Wenn ich mit meinen Aufgaben fertig bin, gehe ich noch zu Tom lesen." Das war mir eben gerade spontan in den Sinn gekommen.
Ich hörte regelrecht, wie Mama tief Luft holte.
„Hast du von diesen Geschichten noch immer nicht die Nase voll?", fragte sie, wartete mein „nein" gar nicht erst ab und ging zur Haustür. „Bis heute Abend und sei zu Hause, wenn ich komme, damit wir zusammen essen!" Dann fiel die Tür ins Schloss.
Das Gefühl, dass meine Mutter mich am liebsten zu Hause festbinden würde, wurde immer stärker.

Am nächsten Morgen konnte ich es kaum erwarten, Lara nach ihrem Date zu fragen. Ich traf sie in Gesellschaft zweier Mädchen, wo auch sonst.
„Hallo", grüßte ich.
„Hi", grüßte sie zurück. Dabei machte sie wieder so ein "Keine-Zeit-für-dich-Gesicht", das ich inzwischen gut genug kannte.
Trotzdem fragte ich: „Und, wie war es gestern?"
„Jetzt nicht", wimmelte sie mich ab. „Tanja, Sue und ich haben noch was zu klären."
Es tat weh, so von einer Freundin behandelt zu werden. Eigentlich müsste ich schon daran gewöhnt sein, aber ich konnte es nicht ertragen. Ich drehte mich um und ging über den Schulhof Richtung Hauptschulgebäude. Ich spürte plötzlich Tränen in den Augen und rannte zur Toilette.
In den Pausen vermied ich es, Lara zu begegnen und war froh, als ich auch diesen Tag wieder geschafft hatte. Ich fühlte mich den ganzen Nachmittag über nicht wohl, dass änderte sich erst, als Lara mich am Abend anrief.
„Juliane, es tut mir echt leid, dass ich dich heute Morgen so hab abfahren lassen. Du bist mir doch hoffentlich nicht böse? Außerdem muss niemand hier in der Schule etwas von meinem Date wissen."
„Das kann ich ja nicht wissen", antwortete ich, ging aber nicht auf die Frage ein, ob ich ihr böse sei. „Wie war denn nun euer Date?"
„Es war super. Roman und Felix sind echt tolle Typen. Felix ist schon achtzehn und fährt Auto. Ich glaube, seine Eltern sind nicht gerade arm. Wir sind zum alten Güterbahnhof gefahren. Der Schuppen wurde zu einer Jugend-Disco umgebaut. Felix arbeitet dort dreimal in der Woche von

20:00 bis 22:00 Uhr als Discjockey. Das war sowas von geil. Ich habe die ganze Zeit mit Roman getanzt."
„Hat deine Mutter gewusst, dass du allein in die Disco gehst?"
„Nö, ich habe ihr gesagt, dass ich zur Geburtstagsparty von einer Klassenkameradin eingeladen bin. Für Mama ist es nur wichtig, dass ich bis zehn abends daheim bin, auch werktags. Meinem Stiefvater ist das nicht recht, aber ich lass mir von ihm nichts vorschreiben. Du verpetzt mich doch hoffentlich nicht?"
„Tu ich nicht. Und wann seht ihr euch wieder?"
„Vielleicht Freitag. Eigentlich wollten wir uns Samstag treffen, aber da muss ich ja zu meinem Erzeuger. Roman hat meine Nummer und will mich anrufen, wenn es klappt."
Wir redeten noch ein bisschen miteinander und legten dann auf. Irgendwie fühlte ich mich nach dem Anruf schon etwas besser.

Am späten Freitagnachmittag erschien unerwartet Lara bei mir zu Hause und erzählte glücklich, dass es mit ihrem Date heute doch klappte. Sie würde mit Roman in die Disco gehen. Ich machte mir schon Gedanken über Lara. Sie log ihre Mutter sicher wieder an und das schien ihr gar nichts auszumachen.
„Woran denkst du gerade?", fragte sie.
„Warum?"
„Weil ich es deinem Gesichtsausdruck ansehe."
„Du ... du lügst deine Mutter heute bestimmt auch wieder an, stimmt`s? Hast du denn gar keine Angst, dass etwas passiert und sie erfährt, dass du dich in der Disco mit Jungs triffst?"

Lara lachte. „Du bist echt naiv. Außerdem ist es eine Disco für Jugendliche. Was soll denn passieren? Ach, Juliane, du bist immer so brav, du musst mal aus dir rausgehen. Aber jetzt muss ich los. Bis Montag!" Sie umarmte mich kurz und ging.
Die Gelegenheit, ihr zu erzählen, dass ich am nächsten Tag bei Angelina zum Geburtstag eingeladen war, ließ ich verstreichen. So war ich froh, als endlich der Samstag kam. Und ich musste auch noch ein Geburtstagsgeschenk kaufen. Angelina hatte mir verraten, dass sie Bücher von Cornelia Funke gerne las und mir einige Titel genannt, die sie noch nicht hatte.
Nach dem Frühstück musste ich Mama erst einmal beim Saubermachen helfen, während Papa – nicht im Anzug, sondern in Jeans und Poloshirt – den Rasen mähte und anschließend im Garten das Unkraut entfernen wollte.
„Heute Nachmittag kannst du mir im Gemeindezentrum bei unserem monatlichen Senioren-Kaffee helfen", hörte ich Mama sagen, als ich gerade in mein Zimmer gehen wollte, um mich umzuziehen. Ich blieb abrupt stehen. „Mama, ich habe dir doch schon vor einigen Tagen gesagt, dass ich heute zum Geburtstag eingeladen bin!"
„Geburtstag? Bei wem denn?"
„Bei Angelina, du kennst sie doch noch. Hast du das etwa vergessen?" Hatte sie oder tat sie nur so, schoss es mir durch den Kopf. Es war ja nicht das erste Mal, dass Mama etwas vergaß, was mich betraf. „Du kannst Papa fragen, er war dabei, als ich es euch Montagabend erzählt habe." Ich ging einige Stufen hoch, als ihre Stimme mich abermals zurückhielt.

„Ich habe mich darauf verlassen, dass du mir heute bei den Vorbereitungen hilfst. Luise kann diesmal nicht helfen, weil sie dieses Wochenende ihre zwei Enkelkinder zu Besuch hat."

Luise war die Haushälterin des verwitweten Pfarrers. Nicht nachgeben, redete ich mir zu. Diesmal nicht und so erwiderte ich mutfassend: „Du hast mir nicht gesagt, dass ich heute einspringen soll, Mama. Ich gehe jedenfalls zu Angelinas Geburtstag. Darauf freue ich mich schon die ganze Woche."

„Ich bestehe darauf", erwiderte meine Mutter. „Der Seniorentreff ist mir wichtig und auf die Schnelle finde ich keinen Ersatz für Luise."

„Aha, und seit wann weißt du, dass Luise nicht kann?", rutschte es mir heraus.

„Nur nicht frech werden, Fräulein", schimpfte Mama.

In diesem Moment sah ich Papa in der Tür stehen. Ob er uns schon länger zugehört hatte? Er schaute mich an und dann Mama. „Seit wann weißt du es, Maria?"

„Was?", wollte sie wissen.

„Dass Luise ausfällt."

Mama zupfte sich ihre kurzen Haare, das machte sie immer, wenn sie nervös war. „Seit letztem Samstag.".

„Dann hättest du Juliane längst fragen können, ob sie aushilft. Andererseits hast du eine Woche Zeit gehabt, dich nach einem Ersatz umzusehen. Ihr seid doch genug Ehrenamtliche, da hätte sich doch jemand gefunden, der dir heute zur Hand geht."

Danke, Papa! Dass er sich auf meine Seite stellte, hätte ich nie für möglich gehalten.

„Lass Juliane auf ihre Geburtstagsfeier gehen. Ich komme heute Mittag mit und helfe dir. Aber nur ausnahmsweise, damit das für die Zukunft klar ist." Papa drehte sich um und ging wieder nach draußen. So hatte ich meinen Vater noch nie mit Mama reden hören. Hoffentlich gab es keinen Knatsch.

„Papa hats sicher nicht so gemeint", sagte ich, um Mama versöhnlich zu stimmen.

„Dann geh zu deiner Feier", erwiderte sie, wie ich fand, schnippisch. „Aber dass du um Punkt 20:00 Uhr wieder zu Hause bist."

„Darf ich ausnahmsweise mal bis neun bleiben?"

„Es bleibt bei 20:00 Uhr."

„Aber warum? Ich bin schon fünfzehn. Lara und die anderen in meinem Alter dürfen schon bis 22:00 Uhr wegbleiben. Du weißt doch, wo ich bin."

„Keine weitere Diskussion, Juliane. Was andere tun, müssen wir ja nicht auch machen."

Zehn Minuten später ging ich zur Buchhandlung, Angelinas Geschenk holen. Somit war mein Taschengeld für diesen Monat futsch und um noch etwas zu bitten, wagte ich nun doch nicht. Ich beneidete meinen Bruder. Klaus durfte schon mit vierzehn bis zehn abends wegbleiben und bekam seinen ersten Computer mit dreizehn. Surfen ohne Limit – und ich? Eine Stunde am Tag und kein Smartphone. Was das für mich bedeutete, schien ihnen egal zu sein.

Ein bisschen mulmig war mir schon zumute, als ich am Nachmittag zum ersten Mal nach gut vier Jahren wieder vor Angelinas Zuhause stand. Schon draußen empfingen mich Musik und fröhliche Stimmen. Es hörte sich an, als wären

alle im Garten bei diesem schönen Mai-Wetter. Für einen kurzen Moment überkam mich Panik und ich wäre am liebsten umgekehrt. Aber dieser Moment verging und ich läutete. Angelinas Mutter öffnete mir und begrüßte mich freundlich: „Hallo, Juliane, du warst lange nicht mehr hier. Angelina und die anderen sind im Garten."
Ich kannte mich noch von früher her aus und betrat kurz darauf die Terrasse, die zum Garten führte. Ein wenig hilflos schaute ich mich um. Lara hätte da wenig Mühe gehabt, sich sogleich unter die Anwesenden zu mischen, aber mir fiel es schwer, da ich die jungen Leute nicht kannte, wie mir mein erster Blick verriet.
„Juliane!" Angelinas Stimme drang zu mir. „Schön, dass du da bist."
Sie schien sich echt zu freuen, begrüßte mich stürmisch und ich wurde Glückwünsche und Geschenk gleich los. In ihrem wadenlangen roten Rock, dem weißen Shirt und den bis auf die Schultern fallenden braunen Locken sah sie verdammt hübsch aus. Dagegen kam ich mir in meiner sandfarbenen Hose und dem schwarzen Shirt eher fade vor.
Angelina hängte sich bei mir ein und zog mich mit zu den anderen. „Am besten, ihr macht euch selbst miteinander bekannt.".
Ich war recht nervös und mir war gar nicht wohl dabei, mich so einfach unter die anderen Gäste zu mischen.
Angelina schien das zu merken und flüsterte mir zu: „Keine Panik, du musst dich nicht unbedingt mit den anderen unterhalten. Genieße einfach den Nachmittag."
Das tat ich auch. Zuerst fühlte ich mich etwas fehl am Platz, und kam mir so unscheinbar vor zwischen den hübschen jungen Mädchen und den Jungs. Doch dann war ich

plötzlich mitten unter ihnen und es war gar nicht so schwer, sich mit dem einen oder anderen zu unterhalten und auch mal zu lachen. Als dann getanzt wurde, setzte ich mich auf der Terrasse in einen bequemen Sessel und schaute nur zu.
„Tanzt du nicht?"
Ich schreckte hoch und schaute genau in das Gesicht eines Jungen mit dunklem Haar und Brille. Sofort erinnerte ich mich an die Begegnung im Café. „Was machst du hier?", fragte ich erstaunt.
„Ich bin mit meiner Schwester hier und kenne Angelinas großen Bruder. Wir sind zwar keine Freunde, machen aber beide gerade unser Abitur."
Ich schwieg, weil ich nicht wusste, was ich darauf sagen sollte.
„Schade, dass du neulich nicht mit im alten Güterbahnhof warst. Da hast du echt was versäumt. Wieso lassen dich deine Leute abends nicht länger fortgehen? Lara hat erzählt, dass sie richtige Spießer seien. Dabei bist du doch schon alt genug."
„Meine Eltern sind nun mal besorgt", verteidigte ich sie. Ich hatte keine Lust, mit einem fremden Jungen – und das war Felix immerhin noch – über meine Familie zu reden.
„Ich hätte meinen Eltern damals was erzählt, wenn ich mit fünfzehn immer noch um acht Uhr zu Hause sein müsste."
„Du bist ja auch ein Junge."
„Und du hast auch kein Smartphone?", sprach Felix einfach weiter. „Oh, Mann, ist wirklich sehr rückständig von deinen Alten."
„Nenn meine Eltern nicht "Alten", das ist respektlos."
„Sagt wer?"
„Mein Vater würde das sagen und deine Eltern?"

„Herrjeh, jetzt bin ich wohl ins Fettnäpfchen getreten. Lara hat sowas erwähnt, dass du sehr schüchtern bist und dich nicht traust, dich zu Hause durchzusetzen. Zu deiner Beruhigung: Ich spreche übrigens meine Eltern nicht mit "Alten" an. Sie sind ganz okay und sehr modern eingestellt. Ich habe deine Eltern keinesfalls beleidigen wollen, falls du das annimmst."
„Schon gut", erwiderte ich und bekam eine Stinkwut auf Lara. Mich vor wildfremden Jungen so hinzustellen, das tat schon weh. Aber andererseits hatte sie ja recht, doch das ging keinen was an.
Angelina kam. „Die Steaks sind fertig, oder wollt ihr lieber eine Bratwurst?"
Wir nahmen beide ein Steak und etwas von der Salatbar und verzogen uns wieder auf die Terrasse. Während wir aßen, beobachtete ich Felix und stellte fest, dass er mich genauso beobachtete. Sofort wurde ich wieder nervös.
„Dein Saft ist alle, soll ich dir noch etwas holen?", fragte er und meine Nervosität war mit einem Mal wie weggeblasen. Ich nickte. Kurz darauf erschien er mit zwei vollen Gläsern Cola. Obwohl das bei uns zu Hause ja tabu war, genoss ich die süße Sünde.
Felix erzählte mir von seinem Job als Discjockey, dass er gerne schnell Auto fuhr, dreimal in der Woche, falls es die Schule erlaubte, ins Fitness-Studio ging und Fußball sein Lieblingssport war.
Mir fiel plötzlich wieder ein, dass er auf das Goethe-Gymnasium ging. „Du müsstest eigentlich meinen Bruder Klaus noch kennen. Er hat vor zwei Jahren sein Abi gemacht."
„Klaus und wie noch? Es gibt etliche mit dem Namen."
„Klein."

„Oja, KK hieß er bei vielen nur. Ich erinnere mich an ihn. Er war ein richtiger Streber. Wie geht's ihm denn?"
„Kann ich momentan nicht sagen. Er macht ein Auslandssemester, vielleicht auch zwei in Amerika. Aber ein Streber ist er immer noch."
„Und du? Was machst du am liebsten?"
Plötzlich fiel meine Hemmung von mir ab und ich ließ mich auf die Unterhaltung ein. „Lesen, Musik hören und Zeichnen. Und ich gehe gerne spazieren." Wenn ich mal Gelegenheit dazu habe, fügte ich in Gedanken bei.
„Keine Partys oder Kinobesuche?", wollte Felix weiter wissen.
„Da du schon weißt, dass ich um 20:00 Uhr zu Hause sein muss, kannst du dir ja auch denken, dass ich nicht ins Kino gehe, wenn der Film länger ist. Das gleiche gilt für Partys."
„Nicht einmal bis zehn?"
Ich schüttelte den Kopf.
„Verstehe. Und eine Ausnahme machen deine Eltern nicht?"
„Ich kann es mir nur schwer vorstellen."
„Ich würde dich gerne mal ins Kino einladen. Du könntest doch sagen, du übernachtest bei deiner Freundin. Lara würde, wie ich sie kenne, sicher nichts sagen."
Wie ist der denn drauf, dachte ich. Meine Eltern anschwindeln ging gar nicht und außerdem war ich eine schlechte Lügnerin. Das sagte ich Felix auch.
Er lächelte nur und meinte: „Du bist eben durch und durch eine brave Tochter, wie ich feststelle."
Dabei wäre ich gerne einmal nicht brav.

Ich schaute ihn wütend an. „Ist das eine Beleidigung?", fragte ich, etwas zu laut, denn einige, die in unserer Nähe standen, schauten schon zu uns her.
Felix schien das wenig zu stören. „Nein, es ist lediglich eine Feststellung. Aber manchmal muss man schwindeln, um etwas Freiheit zu haben. Du hast sicher auch keinen Freund, oder?"
„Nein, es hat sich bisher noch nicht ergeben. Außerdem hat das wohl Zeit." Sollte ich ihn vielleicht fragen, ob er eine Freundin hatte? Aber ich ließ es bleiben. Sicher würde ich ihn ohnehin nicht wieder sehen. Ich schaute auf meine Uhr. Wie schnell war doch der Nachmittag vergangen. Es war bereits kurz nach 19:00 Uhr und zur Bushaltestelle musste ich ja auch noch. „Ich mache mich langsam auf den Heimweg", erwiderte ich und stand auf. „Die Busse fahren samstags nur alle zwanzig Minuten."
„Gerade jetzt, wo wir uns doch so gut unterhalten? Aber einmal möchte ich noch mit dir tanzen, eher lass ich dich nicht fort. Draußen steht mein Wagen, ich fahre dich anschließend heim."
Das konnte ich auf keinen Fall annehmen. Wenn jemand in unserer Straße sah, dass ich von einem Jungen heimgefahren wurde, gab's sicher Gerede und das wollte ich meinen Eltern nicht antun.
„Hast du etwa Angst vor mir?"
Felix Frage kam unverhofft und ich war ziemlich irritiert. Es dauerte einige Sekunden, bis ich erwiderte: „Nein, aber ..."
Er schnitt mir den Satz ab. „Dann ist doch alles gut. Komm, lass uns tanzen, bevor es wirklich zu spät wird."
„Ich kann gar nicht tanzen", gestand ich, „aber die anderen Mädchen würden sich bestimmt freuen, mit dir zu tanzen."

Er ließ nicht locker. „Ich lasse keine Ausrede gelten. Jeder kann tanzen. Du musst dich nur auf mich konzentrieren. Achte auf meine Schritte, du wirst sehen, wie einfach es ist."
Es ging doch tatsächlich wie geschmiert. Schnell passte ich meine Schritte denen von Felix an. Ein mir unbekanntes Gefühl befiel mich, als er mich berührte. Viel zu schnell hörte die Musik auf und ich musste mir eingestehen, dass ich gerne noch weiter mit Felix getanzt hätte.
„Also komm, ich fahre dich heim, bevor es Ärger gibt", flüsterte er mir ins Ohr.
Dabei spürte ich seine Lippen und zuckte wie elektrisiert zurück. Was war nur plötzlich mit mir los?
„Ich verabschiede mich noch von Angelina", sagte ich schnell und schlüpfte zwischen den inzwischen wieder tanzenden Pärchen hindurch.
Sie stand neben ihrem Bruder und winkte, als ich näher kam.
„Schade, dass du nicht länger bleiben kannst", empfing sie mich. „Wir müssen uns unbedingt die Tage mal treffen. Nur wir zwei. Wir telefonieren. Ihr habt ja noch die gleiche Nummer, oder?"
„Ja, haben wir. Wäre echt schön", erwiderte ich. Und ich meinte es auch so. Mir war heute noch schleierhaft, warum unsere Freundschaft plötzlich vorbei gewesen war. „Felix will mich unbedingt heimfahren. Vielen Dank für die Einladung."
„Nichts zu danken, tschau, tschau!"
Felix stand schon vorm Haus, als ich kam. Wir gingen ein paar Schritte bis zu seinem Wagen, einem Opel Astra Caprio, wie er mir erzählte. „Ein Geschenk von meinem Al... Vater zum Achtzehnten."

„Ich habe keine Ahnung von Autos", gestand ich. „War bestimmt nicht billig." Mein Gott, was redete ich da. Ging mich doch gar nichts an, wie viel das Auto gekostet hatte.
„Keine Ahnung, das Auto ist gebraucht. Nun musst du mir aber sagen, wo du wohnst."
Ich erklärte ihm den Weg, weil er sein Navi nicht unbedingt einschalten wollte. Während der Fahrt beobachtete ich ihn von der Seite. Dass er gut aussah, hatte ich ja schon neulich im Café festgestellt.
„Beobachtung beendet?"
Ich fühlte mich ertappt und starrte jetzt geradeaus.
„Welche Straße, sagtest du?"
„Mörike", antwortete ich. „Lass mich aber an der Ecke raus."
„Feine Gegend in der du wohnst."
„Wir sind ganz normale Leute."
„Na, das hoffe ich doch!" Felix lachte. „Warum darf ich dich nicht vor der Haustür absetzen? Das tut man doch für gewöhnlich."
Jetzt musste ich lachen. „Nun bist du aber altmodisch. Bitte, setz mich an der Ecke ab."
„Schon gut, wie die Dame befehlt." Als er anhielt, drehte er sich zu mir herum. „Wir könnten doch mal zu viert ins Eiscafé gehen, wenn dir deine Eltern schon nicht erlauben, in die Disco mitzukommen."
Ich zögerte etwas, bevor ich antwortete: „Mal sehen." Ich stieg aus und schlug die Tür zu. „Danke fürs Heimfahren", rief ich und wünschte ihm eine gute Nacht. Kurz darauf hörte ich den Motor aufheulen.

Zu Hause lief der Fernsehapparat. In der Wohnzimmertür blieb ich stehen. „Guten Abend, Mama! Papa! Und, hat es heute Mittag geklappt?"
„Hat es", antwortete mein Vater. Mama war in die Programmzeitschrift vertieft. „Und wie war es bei der Geburtstagsfeier? War Lara auch dabei?"
„Es war sehr schön. Lara ist übers Wochenende zu ihrem Vater gefahren."
Nun schaute Mama auf. „Ach, Juliane, es kommt später ein schöner Film, willst du ihn nicht mit uns anschauen?"
Ich verneinte. „Ich möchte lieber noch ins Netz, wenn ich darf."
Papa stand auf. „Ich schalte das WLAN ein, wenn die Nachrichten vorbei sind, sie fangen gleich an."
Ich verschwand in der Küche, holte mir eine Flasche Wasser und ein Glas.
Als ich gerade trinken wollte, kam Mama herein.
„Es tut mir leid, Schatz, dass ich heute Vormittag so unfreundlich zu dir war."
Ich horchte auf. Wann hatte mich Mama zum letzten Mal "Schatz" genannt? Musste schon ewig her sein, weil ich mich nicht mehr daran erinnerte.
„Schon gut, Mama. Entschuldigung angenommen."
„Du kannst heute eine halbe Stunde länger am Computer bleiben, wenn du willst", redete sie weiter. „Denk aber dran, dass du morgen zeitig aufstehen musst. Du hast doch hoffentlich für die Prüfung gelernt?"
Lag da schon wieder ein Vorwurf in Mamas Stimme?
„Ich habe gelernt, ja", antwortete ich, würde aber niemals zugeben, dass ich in der letzten Woche keinen einzigen

Gedanken an die Prüfung vor meiner Konfirmation verschwendet hatte.
Ich folgte Mama ins Wohnzimmer und wünschte ihr und meinem Vater eine gute Nacht.

∞

Der Krach

In der Nacht zum Sonntag schlief ich schlecht. Daran war zum einen Felix und zum anderen die bevorstehende Prüfung in der Kirche schuld. Die war vor der ganzen Gemeinde! Ich war echt froh, wenn meine Konfirmation nächste Woche reibungslos über die Bühne ging. Dann konnte ich sonntags wenigstens wieder ausschlafen, vorausgesetzt, meine Eltern bestanden nicht darauf, dass ich mit ihnen weiterhin zum Gottesdienst ging. Doch heute hieß es noch einmal zur Kirche gehen und die Prüfung überstehen. Ich hatte mir ja alle Mühe gegeben, im Konfirmanden-Unterricht aufzupassen. Es fiel mir halt schwer, Geschichten nachzuerzählen, dagegen konnte ich mir Verse oder Lieder gut merken und auch auswendig aufsagen. Ich war so nervös, dass ich nichts frühstücken konnte.
„Ohne etwas im Magen gehst du nicht aus dem Haus", sagte Mama in ihrem gewohnt strengen Ton und schob mir ein Stück Kuchen auf den Teller. Sonntags gab es bei uns immer Kuchen zum Frühstück und Torte zum Nachmittagskaffee. Die waren allerdings gekauft, denn Mama war zwar eine gute Köchin, aber backen konnte sie nicht.
Ich schob meinen Teller fort.
„Es geht einfach nicht, Mama."

„So lass sie doch, Maria", meinte mein Vater. „Sie wird nicht verhungern."
Aber Mama bestand darauf, dass ich ein Stück Kuchen aß und vor lauter Nervosität kam es kurz darauf wieder raus. Doch dann lief alles viel besser, als ich dachte. Ich musste einmal etwas vortragen und das klappte zum Glück nach anfänglichem Stottern ganz gut.
Nachmittags rief Angelina an. Da ich gerade in der Nähe des Telefons stand, ging ich ran.
„Und, alles gut gegangen?", fragte sie.
„Ja, war okay."
„Hast du nicht Lust, vorbeizukommen?"
„Wir trinken jetzt Kaffee, vielleicht danach."
„Das wäre schön, bis später dann."
„Wer war das?", wollte Mama wissen.
„Angelina. Ich will später noch zu ihr."
„Wir trinken gleich Kaffee und danach wollte ich mit dir noch kurz die Gästeliste für nächsten Sonntag durchgehen."
„Aber Mama, du hast doch schon längst alle Einladungen erledigt." Sie ließ sich immer einen Grund einfallen, um mich daheim zu behalten. „Und du hast mir auch schon aufgezählt, wer alles kommt und wer nicht."
Viele gab es da ja wirklich nicht. Wenn man mich gefragt hätte, hätte ich am liebsten auf eine Feier verzichtet. Mamas Eltern aus Friedrichshafen würden auf jeden Fall kommen, ihr Bruder mit Frau und meinen 3 Cousinen aus Ulm, die ich vor gefühlten hundert Jahren zum letzten Mal gesehen hatte. Genauso wie zwei entfernte Tanten mit ihren Männern, dann kam noch Großtante Wilhelmine, die noch einzige lebende und unverheiratete Verwandte von Papa. Sie war schon achtzig, aber noch sehr rüstig und wohnte

ungefähr dreißig Kilometer von uns entfernt in einem Seniorenheim. Ich mochte sie sehr und freute mich immer, wenn Papa sie Heiligabend holte und sie über Nacht blieb. Das gefiel Mama natürlich überhaupt nicht, denn sie mochte keine zusätzlichen Übernachtungsgäste. Die brachten nur unnötige Arbeit mit, die überwiegend an mir hängen blieb. Auch diesmal zu meiner Konfirmation würde Wilhelmine über Nacht bleiben, weil Papa sie schon samstags holen wollte.

„Aber wir können noch einmal über die Speisekarte und die Platzkärtchen schauen, während der Woche bleibt da doch kaum Zeit. Ich möchte, dass alles perfekt ist am Sonntag."

„Mama, wenn du das alles managst, ist es perfekt. Wir feiern doch im Lokal, da werden die dort schon dafür sorgen, dass alles stimmt."

„Gibt es jetzt endlich Kaffee?" Papa schaute zur Küchentür herein. „Ich will mir später noch einen Bericht im Fernsehen anschauen. Und wenn Juliane zu Angelina gehen will, dann soll sie gehen."

Ich hörte, wie Mama tief Luft holte. Dann bat sie mich, die Torte aus dem Kühlschrank zu holen und ins Esszimmer zu bringen. Den Tisch hatte ich vorher schon gedeckt.

Unser Kaffeetrinken verlief heute schweigsam und bevor ich mich danach verdrückte, wurde ich noch daran erinnert, um 20:00 Uhr zu Hause zu sein.

Auf dem Weg zur Bushaltestelle atmete ich tief die milde Mailuft ein und ließ meinen Ärger raus. Ich hatte Glück und musste nur wenige Minuten warten. Als ich dann im Bus saß, fühlte ich mich etwas freier. Manchmal hielt ich es daheim einfach nicht mehr aus. Dass Mama mich ständig mit Hausarbeiten einmüllte, ging mir schon lange auf den Keks.

Ich half ihr ja im Haushalt, wie es sich eben gehörte. Gerne tat ich es aber nicht immer, weil sie ein Kontrollfreak war. Heimlich, wenn sie glaubte, dass ich es nicht bemerkte, schaute sie nach, ob ich auch alles richtig gemacht hatte. Sogar mein Zimmer überprüfte sie, ob alles zu ihrer Zufriedenheit war.

Wie gerne würde ich nach meinen Hausaufgaben lieber mal etwas länger in meinem Buch bei Tom lesen oder mit Lara ins Schwimmbad gehen oder an den Wochenenden ins Kino zur Nachmittagsvorführung. Doch meine einzige Freundin zog in letzter Zeit lieber mit anderen Mädchen herum. Und meine Klassenkameraden nahmen mich sowieso nicht für voll und luden mich auch nie ein. Ob es nur daran lag, dass ich kein Smartphone hatte? Denn für die meisten von ihnen schien es ja nichts Schöneres zu geben, als sich in ihrer Freizeit damit zu beschäftigen.

Bei dem schönen Wetter saßen Angelina und ich im Garten. Von der gestrigen Feier war nichts mehr zu erkennen.

„Hat Felix dich gut heimgebracht?", fragte Angelina, während ich an meinem Saft nippte.

„Ja, hat er. Sonst wäre ich garantiert zu spät daheim gewesen."

„Dass deine Eltern so streng sind, verstehe ich nicht, dabei kann ich mich noch gut erinnern, dass sie früher doch ganz lieb waren und ich sie recht nett fand."

„Ja, sie waren früher echt anders", erwiderte ich und fühlte plötzlich ein Brennen in den Augen, das ich rasch überspielte, indem ich weiter sprach: „Deine Eltern habe ich auch immer gemocht."

„Etwas altmodisch sind sie schon, aber das muss ja nicht unbedingt etwas Negatives sein. Vor allem, wenn es um

bestimmte Dinge geht, sind sie schon recht intolerant. Wo ist deine Freundin eigentlich heute?"
„Sie ist übers Wochenende bei ihrem Vater. Der hat heute Geburtstag. Darf ich dich mal etwas fragen?"
„Immer zu", forderte Angelina mich auf. „Was willst du wissen?"
Ich zögerte nun doch. Sollte ich wirklich die Frage stellen, die mir schon seit einigen Tagen auf der Seele brannte? Gut, ich hatte a gesagt, also musste ich auch b sagen. „Warum wolltest du damals von Lara und mir nichts mehr wissen?"
Das Lächeln auf Angelinas Gesicht verschwand. „Muss ich darauf unbedingt antworten?"
„Ich möchte es gerne wissen. Aber wenn du es mir durchaus nicht sagen willst, akzeptiere ich das."
Ich spürte Angelinas Zögern, doch dann hatte sie sich nach einigen Sekunden zu einer Antwort entschlossen. „Ich habe gemerkt, dass ich überflüssig war und dass ihr zwei lieber allein sein wolltet."
„Das war alles?"
„Ja", erwiderte sie kurz.
Aber ich glaubte es ihr nicht so ganz. Angelina stand abrupt auf, so, als befürchtete sie, ich könnte noch weiter fragen. „Wollen wir Federball spielen?", fragte sie und ich nickte.
Die Zeit bei Angelina ging viel zu schnell vorbei und dann musste ich gehen. Der Nachmittag war sehr schön gewesen und er hatte mir echt gutgetan. Dann stand ich an der Haltestelle und spürte, wie eine Welle von Traurigkeit mich überrollte. Warum konnte ich mit Lara nicht mehr so schöne Stunden verbringen wie früher? Warum waren ihr andere Freundinnen plötzlich so viel wichtiger?

Ich erschrak, als ich das Bremsen eines Autos hörte. War es Zufall oder Schicksal, dass in diesem Wagen Felix saß? Seine weißen Zähne blitzten in seinem gebräunten Gesicht, als er mir zulachte. „Hi, brauchst du einen Chauffeur?", fragte er und öffnete die Beifahrertür.
Sollte ich oder sollte ich nicht? Auf jeden Fall konnte ich nicht verhindern, dass mein Herzschlag schneller ging. Trotzdem entschied ich mich für nein, doch das ließ er überhaupt nicht gelten. „Na komm schon. Wer weiß, wann dein Bus aufkreuzt."
„In fünf Minuten."
„Sonntags haben die meist Verspätung."
Nun musste ich lachen.
„Das solltest du öfter tun."
„Was?"
„Lachen, es steht dir besser als dein kummervolles Gesicht. Und jetzt steig schon ein, bitte!"
Ich wollte noch etwas erwidern, in puncto kummervolles Gesicht, als ich den Bus in der Ferne kommen sah. Dann saß ich doch in seinem Wagen.
„Aber bitte lass mich wieder an der Ecke raus."
„Wie die Dame befiehlt." Er lachte. „Warst du bei Angelina?"
„Ja und wie hast du deinen Sonntag verbracht?"
„Lange geschlafen, am Computer gesessen, mit meinen Eltern im Seeblick Essen gewesen und danach mit dem Boot raus gesegelt. Wenn du Lust hast, nehm ich dich gerne mal mit."
„Ich weiß nicht, ob ich seetauglich bin."
„Warst du noch nie draußen auf dem See?", fragte er und es klang schon etwas belustigt.

Ich verneinte. Mama mochte das Wasser nicht und Papa hatte wenig Zeit. Was mein Bruder betraf, so war der lieber mit seinen Freunden zusammen. Außerdem fuhr kein Bus Richtung Bodensee und zum Laufen war es doch etwas zu weit bis ans andere Ende unseres Städtchens.
„Du musst nur ja sagen und ich hole dich ab."
Ich musste wieder lachen, obwohl mir eher zum Heulen war.
„Ich glaube kaum, dass meine Eltern mir erlauben, mit einem jungen Mann auszugehen, den sie nicht kennen."
„Was sind das denn für altmodische Ansichten? Deine Eltern sind echt noch von gestern und du lässt dir das alles gefallen. Deine Freundin Lara ist da schon anders, lockerer und ihre Eltern lassen ihr Freiheiten, wie sie Roman und mir schon erzählt hat."
Ich ging mal davon aus, dass Lara da wohl nicht ganz bei der Wahrheit geblieben war.
„Meine Eltern sind nun mal besorgt." Warum hatte ich immer das Gefühl, sie in Schutz nehmen zu müssen? Ich würde sogar sehr gerne mit Felix segeln gehen, egal, ob ich seekrank werde oder nicht. Aber wie sollte ich es anstellen? Meine Eltern belügen kam nicht infrage, und mit der Wahrheit würde ich erst recht keinen Erfolg haben.
„Darf ich es mir überlegen?", fragte ich stattdessen.
„Klar, würde mich freuen, wenn du mitkämst."
Felix fuhr sehr sicher durch den Abendverkehr. Ich betrachtete seine schmalen Hände und dachte an unseren gestrigen Tanz auf Angelinas Geburtstag. Die plötzliche Stille zwischen uns machte mich etwas nervös, deshalb fragte ich: „Du kennst den Weg noch?"

„Ja, bin ihn doch gestern erst gefahren. Keine Panik, du bist pünktlich zu Hause."

Hatte in seinem letzten Satz etwa ein Hauch Spott gelegen? Ich zog es vor, nicht darauf zu antworten und schaute für den Rest der Fahrt nur noch stur geradeaus. An der Ecke zur Mörikestraße war zum Glück niemand zu sehen.

Ich schaute ihn an, sagte „Danke" und wollte rasch aussteigen, da spürte ich Felix Hand auf meinem Hinterkopf und im nächsten Moment seinen Mund auf meinem. Es war nur ein kurzer Kuss, eher ein Hauch, aber er löste in mir ein bis dahin noch unbekanntes Gefühl aus. Ich floh regelrecht aus seinem Wagen und rannte an den ersten Häusern vorbei. Dann blieb ich stehen und wartete, bis sich mein Atem wieder normalisiert hatte. Irgendwo wurden Rollläden herunter gelassen. Aus einem anderen Haus hörte ich das Bellen eines Hundes, aber auf der Straße war gottseidank niemand um diese Uhrzeit.

Am Montagmorgen regnete es und ich hatte deshalb keine Möglichkeit, Lara zu sehen, weil alle Schüler es vorzogen, drinnen zu bleiben. Erst, als in der großen Pause die Sonne wieder zum Vorschein kam, suchte ich sie auf dem großen Schulhof. Wie immer fand ich sie in Gesellschaft. Weil ich keine Lust hatte, sie und die anderen zu stören, wollte ich die Richtung wechseln, doch da hörte ich sie rufen: „Juliane, warte mal!"

Ich blieb stehen, als sie auf mich zukam. Ihr Gesichtsausdruck war alles andere als freundlich, fand ich.

„Wann hättest du mir eigentlich gesagt, dass du auf Angelinas Geburtstag eingeladen warst?", fragte sie nicht gerade

leise, so, dass es all die hören konnten, die in unmittelbarer Nähe standen.
Woher wusste sie davon? Etwa von Angelina?
Und ich? Stand nur da wie blöd und brachte keinen Ton heraus. Sie schimpfte grad weiter. „Da bin ich mal ein Wochenende nicht da und du triffst dich mit anderen."
Ich hätte später nicht sagen können, was in diesem Moment für meinen Ausbruch ausschlaggebend war. Entweder Laras böser Gesichtsausdruck oder das Lachen im Hintergrund. Vielleicht sogar beides.
„Ach so, du meinst, wenn du mal fort bist, dann muss ich brav zu Hause sitzen und Däumchen drehen, weil es mir verboten ist, sich außer mit dir mal mit jemand anderem zu treffen? Aber für dich gilt das ja nicht."
Dass sich immer mehr Schüler um uns versammelt hatten, merkte ich erst jetzt, aber das war mir egal in diesem Moment. Ich wartete gar nicht erst, bis Lara etwas erwiderte, sondern drehte mich um und bahnte mir einen Weg durch die gaffende Menge an Mitschülern.
„Mann, der hast du es jetzt aber mal gesagt", hörte ich plötzlich jemanden sagen. „Ich habe mich schon lange darüber gewundert, dass du dir so viel von Lara gefallen lässt." Erst jetzt bemerkte ich Nora. „Aber tröste dich, Jule, sie wird's überleben."
Ich musste jetzt doch grinsen. Ich merkte, dass es mir überhaupt nicht leid tat, was ich gesagt hatte. Und ich fühlte eine innere Befreiung. Doch diese dauerte nicht allzu lange an und die Angst, Lara würde mich als Freundin zum Mond schießen, kehrte zurück.
In den nächsten Pausen zog ich es vor, auf dem Flur zu bleiben und war froh, als die Schule vorbei war. Lara traf ich

nicht mehr, dafür Angelina, die von unserem Streit erfahren hatte.

„Jetzt hast du wegen mir noch Krach mit Lara. Hat sich schon bis zu mir herumgesprochen", begann sie. „Das wollte ich nicht. Die Schwester von einem meiner Gäste geht in Laras Klasse und hat es ihr bestimmt gesteckt."

„Du musst dich nicht entschuldigen. Und Lara wird sich wieder beruhigen." Vielleicht auch nicht, dachte ich im Stillen.

„Aber ich finde es gut, dass du ihr endlich mal deine Meinung gesagt hast. Das war längst fällig. So wie sie dich in letzter Zeit oft behandelt, und jetzt spielt sie die Beleidigte, weil du bei mir warst, ohne sie um Erlaubnis zu bitten. Was ist das denn für eine Freundschaft?"

Ich schluckte. Angelina hatte ja recht, aber ich wollte Lara einfach nicht verlieren. „Ich muss dann mal", sagte ich schnell. „Zu Hause wartet sicher wieder Arbeit auf mich. Tschüss, bis morgen."

Ich fühlte mich alles andere als gut. Warum nur hatte ich es verschwitzt, Lara von der Geburtstagseinladung zu erzählen? Nun war sie sauer auf mich und ich fand, mit Recht. Am nächsten Tag hielt ich noch vor der ersten Stunde Ausschau nach ihr. Wie immer war sie in Begleitung einiger Mädchen. Um mein Seelenheil wiederherzustellen, musste ich sie unbedingt sprechen und mich entschuldigen.

„Hi, Lara", sprach ich sie an.

Sie schaute kurz zu mir her und wandte sich wieder den anderen zu. „Was willst du?"

„Können wir kurz reden?"

„Du willst dich also entschuldigen?"

„Es tut mir leid, dass ich dir nichts von Angelinas Einladung erzählt habe." Ich machte eine Pause und fuhr fort: „Aber du hattest mir neulich ja auch nichts von deiner Einladung bei Leonie erzählt. So sind wir jetzt quitt, oder?"
„Schau, schau, dann war das nur eine Retourkutsche?", fragte Lara und schaute mich nicht gerade freundlich an. Meine Hoffnung auf Frieden schwand.
In nächsten Moment klingelte es zum ersten Mal. Lara und ihre Begleiterinnen ließen mich einfach stehen.
Ich sah sie an diesem Dienstag nicht mehr und an den folgenden Tagen auch nicht. Ich gab mir auch keinerlei Mühe, sie aufzusuchen, hoffte jedoch insgeheim, dass sie den ersten Schritt auf mich zu machen würde. Für mich war es keine schöne Zeit. Ich hatte nicht einmal Lust, in die Bücherstube zu gehen, um zu lesen. Zu meinen Hausaufgaben musste ich mich zwingen.
Zu Hause versuchte ich, meine Traurigkeit vor meinen Eltern zu überspielen. Ob es mir allerdings gelang, wusste ich nicht, meinen Eltern schien zumindest nichts Ungewöhnliches an mir aufzufallen, sonst hätten sie ja etwas gesagt.

Freitagnachmittag rief mich Angelina an und fragte, ob ich mit ihr ein Eis essen gehen wollte. Um mich auf andere Gedanken zu bringen, sagte ich zu. Mama war in der Klinik, würde also nicht vor 20:00 Uhr heimkommen und bei Papa wusste man nie, wann er zu Hause war. Wir trafen uns im Dolomiti. Als ich ankam, war Angelina noch nicht da, erschien aber zehn Minuten später.
„Du siehst aber gar nicht gut aus", begrüßte sie mich. „Noch immer Ärger mit Lara?"
„Ja, aber können wir von was anderem reden?"

„Klar. Übrigens, Felix hat über meinen Bruder nach dir fragen lassen, weil er keine Telefonnummer hat. Er wollte sich mit dir treffen."
Ich hatte ihn über meinen Kummer mit Lara völlig vergessen und erwiderte etwas zögerlich: „Er hat meine Nummer nicht gewollt und ich hätte sie ihm womöglich auch gar nicht gegeben, wegen meinen Eltern. Wenn ich ein Smartphone hätte, wäre es was anderes."
„Ich verstehe dich schon."
In diesem Moment kam die Bedienung und wir gaben unsere Bestellung auf.
Ob es Zufall war, oder ob da jemand seine Hand im Spiel hatte, hätte ich nicht sagen können, als plötzlich Felix im Dolomiti aufkreuzte. Er kam direkt auf unseren Tisch zu.
„Hi, ihr zwei Hübschen. Schön, dich wiederzusehen, Juliane."
Ich wurde bestimmt rot, weil mir mit einem Mal so heiß im Gesicht wurde.
„Hi, Felix", grüßte Angelina, während mir etwas im Halse saß und einen Gegengruß schier unmöglich machte.
Er setzte sich mir gegenüber und starrte mich an. Erst als die Bedienung kam und ihn somit von mir ablenkte, riskierte ich einen Blick. Viel zu lange, denn schon im nächsten Moment trafen seine Augen auf meine und es war mir unmöglich wegzuschauen. Wie lange wir uns schweigend anstarrten, wusste ich nicht, erst Angelinas Stimme holte mich wieder in die Gegenwart zurück.
„Was hast du gesagt?", fragte ich sie, starrte aber immer noch Felix an und ein Gefühl wie neulich, als er mich auf den Mund geküsst hatte, befiel mich.

„Ich habe dich lediglich daran erinnert, dein Eis zu essen, bevor es schmilzt", erwiderte sie lachend. Und zu Felix gewandt: „Wie war es gestern Abend?"
„Wie immer sehr voll", antwortete er. „Roman war auch da mit Lara. Die scheint ihn ganz schön am Wickel zu haben. Lässt ihn keine Sekunde aus den Klauen und wenn er mit einem anderen Mädchen tanzt ..."
„Können wir bitte das Thema wechseln?", unterbrach ich ihn etwas zu laut.
Felix sah mich verwundert an. „Sorry, habe ich da was Falsches gesagt? Pardon, Lara ist ja deine Freundin, wenn ich mich recht erinnere."
Ich hatte keine Lust, Felix von dem Streit zwischen Lara und mir zu erzählen. Aber er konnte das ja nicht wissen. „Tut mir leid. Ich bin momentan nicht so gut drauf."
Angelina stand auf. „Ich verschwinde mal ganz kurz", sagte sie und lief in Richtung Toilette.
„Nett von ihr, uns allein zu lassen", hörte ich Felix sagen. „Ich wäre wirklich viel lieber mit dir allein. Wir könnten uns morgen treffen und segeln gehen. Oder wäre dir Sonntag lieber?"
„Sonntag habe ich Konfirmation, morgen gibt's noch einige Vorbereitungen ..."
„Schade, und wie wäre es nächste Woche?"
Felix war ziemlich hartnäckig und ich musste mir eingestehen, dass mir das sogar gefiel und ich liebend gerne mit ihm ausgehen würde. Aber wie sollte ich das anstellen ohne meine Eltern anzulügen? Ein bissel schwindeln tat ich ja schon, um ab und zu länger als eine Stunde im Internet bleiben zu dürfen.

Felix griff über den Tisch und legte seine Hand auf meine.
„Ich würde mich über ein Date sehr freuen, das musst du mir glauben."
Und ich glaubte es ihm.

∞

Mein schönstes Geschenk

Am Samstag vor meiner Konfirmation musste ich nach dem Frühstück zuerst das Gästezimmer für die Großtante herrichten, saugen, putzen und das Bett beziehen. Mama bereitete nach dem Frühstück wie immer ihren Seniorennachmittag vor, auf den sie nicht einmal an diesem Samstag verzichtete.
„Warum lässt du das Kaffeekränzchen heute nicht einmal ausfallen?", fragte Papa beim Mittagessen. Es gab lediglich einen Bohneneintopf, den Mama schon am Vortag gekocht hatte.
„Weil mir diese Nachmittage im Seniorenheim sehr viel bedeuten, vor allem ist es wegen der alten Leute, die sowieso nicht mehr viel am Leben teilnehmen können. Für heute ist ein Tanztee vorgesehen."
„Ich hatte gehofft, du würdest mich begleiten, wenn ich Tante Wilhelmine abhole. Sie lebt schließlich auch in einem Seniorenheim."
„Es ist deine Großtante und es reicht doch, wenn du sie abholst. Außerdem will ich später noch kurz im Lokal vorbeifahren und schauen, dass auch ja alles perfekt ist. Und ich möchte, dass du heute Mittag zu Hause bleibst."

Beim letzten Satz hatte meine Mutter mich angeschaut und mir erklärt, was ich in ihrer Abwesenheit noch tun sollte.
Meine Hoffnung, Lara würde sich bei mir doch noch melden, schwand mit jeder Stunde, die verging. Abends gab Tante Wilhelmine nicht eher Ruhe, bis ich mich zu ihr und meinen Eltern ins Wohnzimmer setzte. „Es gibt heute meine Lieblingsratesendung", sagte sie und lächelte.
In der Nacht zum Sonntag konnte ich kaum schlafen und stand deshalb schon relativ früh auf. In der Küche traf ich Tante Wilhelmine.
„Guten Morgen, meine Kleine", begrüßte sie mich. „Kannst du auch nicht mehr schlafen?"
„Nein. Ich bin so aufgeregt. Hast du wenigstens gut geschlafen?"
„Es geht so. In einem fremden Bett ist das so, aber in meinem Alter braucht man nicht mehr so viel Schlaf." Sie lachte. „Und an einem solchen Tag darfst du ruhig aufgeregt sein. Wann kommt denn die übrige Verwandtschaft?"
„Weiß nicht. Kirche ist um elf Uhr. Oma und Opa kommen sicher nicht so spät. Von mir aus könnte es schon rum sein. Von der ganzen Verwandtschaft bist du mir die liebste."
„Lass das nur deine Eltern nicht hören. Hast du denn inzwischen einen Freund?"
„Nein, aber ich habe jemanden kennengelernt." Vielleicht hätte ich das nicht sagen sollen, aber jetzt war es passiert.
„Wie ich vermute, wissen deine Eltern sicher nichts davon."
„Nein und du sagst ihnen doch nichts?"
„Iwo, kannst dich auf mich verlassen. Und jetzt trinken wir beide erst in Ruhe einen Kaffee."
Ich war zwar kein Fan von Kaffee, aber Tante Wilhelmine zuliebe trank ich einen mit, mit viel Milch und etwas Zucker.

Sie erzählte mir ein bisschen aus ihrem Seniorenheimalltag, bis Mama hereingeschneit kam. Ich sah, dass ihr Blick sofort auf die Kaffeemaschine fiel, und ich glaubte schon, dass sie etwas zur Tante sagen würde, aber es kam kein Kommentar. Mama mochte nämlich nicht, wenn außer ihr und Papa jemand an ihren geliebten Vollautomaten ging. Und Wilhelmine schon gar nicht. Mama hielt sie nämlich für zu alt, um mit solch moderner Technik umgehen zu können. Das hatte ich letztes Weihnachten aufgeschnappt, als Mama es zu Papa sagte. Aber so unerfahren, wie meine Eltern dachten, war die Großtante nicht.
„Ich verschwinde mal im Bad", meinte Wilhelmine und stand auf.
„Aber mach nicht zu lange, wir müssen ja auch noch rein!", rief Mama ihr nach.
Ich schüttete den Rest meines Kaffees in die Spüle, stellte die Tasse in den Geschirrspüler und verließ die Küche.
„Wenn Wilhelmine fertig ist, gehst du ins Bad und danach kämm ich dir deine Haare!", rief Mama mir hinterher.
Was gab es da viel zu kämmen bei meinen widerspenstigen Locken?
Pünktlich um 09:15 Uhr saßen wir beim Frühstück und kurz nach 10:00 Uhr kamen meine Großeltern.
Opa Paul König, der inzwischen graue Haare hatte, war von Beruf Pfarrer, fünfundsiebzig und predigte ab und zu noch aushilfsweise. Sein Händedruck war fest und das Geschenk, das er mir in die Hand drückte, klein, was mich wenig wunderte, denn so waren alle Geschenke meiner Großeltern. Sicher wieder ein weiteres Lyrikbändchen – ich hasste Gedichte – und einem Zwanzig-Euro-Schein.

Oma Else war groß und dünn und ähnelte mit ihren grünen Augen und dem schwarzen Haar meiner Mutter, nur dass das von Oma bereits angegraut ausschaute. Ich hasste ihren strengen Lehrerinnenblick, mit dem sie mich auch heute wieder einmal taktierte.
„Na, was macht die Schule?", fragte sie. „Gibst du dir immer noch zu wenig Mühe?"
Warum konnte Oma mich nicht einfach nur in den Arm nehmen und mir etwas Schönes sagen?
„Ich geb mir Mühe in der Schule!"
„Na, deine Mutter ist da ganz anderer Ansicht. Bei mir hättest du in den Unterricht gehen müssen, ich hätte schon dafür gesorgt, dass etwas aus dir wird. Hauptschule! Meine Kinder haben alle mindestens die Mittlere Reife gemacht. Und deine Cousinen Ilona und Gabi sogar das Abitur."
Als ob mich das interessierte.
Und Opa! Er drückte mir lediglich einen Kuss auf die Stirn und meinte: „Ich bete für dich, mein Kind."
Hatte ich denn etwas verbrochen? Ich war mir keiner Schuld bewusst. „Was meinst du, Opa?"
Doch er strich mir nur über die Wange und schwieg. Dabei lächelte er.
Ich war so was von froh, als der Gottesdienst und die Konfirmation endlich vorbei waren. Als wir später im Lokal saßen, erschienen auch Onkel Karl, Tante Roswitha und ihre drei Töchter.
„Es tut uns leid, dass wir nicht rechtzeitig in der Kirche waren. Aber es gab unterwegs einen Unfall", entschuldigte sich Mamas Bruder. Auch zwei Tanten, Schwestern von meinem Opa, tauchten erst zum Mittagessen auf. Nun waren wir komplett. Während des Essens unterhielten sich die

Erwachsenen. Ich hing meinen eigenen Gedanken nach und beobachtete dabei Ilona und Gabi, meine älteren Cousinen. Sie waren sehr hübsch, kamen mir aber ziemlich eingebildet vor, weil sie ständig zusammenhingen und kicherten. Außerdem starrten sie viel zu oft auf ihre Smartphones. Lediglich Jenny, die Jüngere, war mir sympathisch und mit ihr konnte ich mich gut unterhalten. Ich war allerdings heilfroh, als die ganze Verwandtschaft schon nach dem Kaffeetrinken abrauschte, lediglich Tante Wilhelmine blieb noch zum Abendessen, das bei uns daheim stattfand. Bevor Papa die Großtante wieder in ihr Seniorenheim fuhr, bat sie mich noch zu sich ins Gästezimmer.

„Ich habe hier auch eine Kleinigkeit für dich. Ich wollte es dir erst geben, wenn alle fort sind", begann sie und machte ein geheimnisvolles Gesicht, wie ich fand. Ich hatte gar nicht damit gerechnet, dass Wilhelmine mir etwas schenkte und war erstaunt, als sie mir ein Päckchen gab.

„Nun pack schon aus", bat sie.

Was nun zum Vorschein kam, hätte ich in meinen kühnsten Träumen nicht erwartet. Mir blieb das Herz fast stehen, als mein Blick auf das Smartphone fiel. „Großtante!", hauchte ich. „Das, das kann ich unmöglich annehmen."

„Das kannst du ruhig. Du hast ja noch keines, wie ich weiß. Ich habe mich gut in dem Laden beraten lassen und eine Prepaid-Karte mit fünfzig Euro ist auch schon aktiviert. Alles auf deinen Namen. Die Handynummer findest du in der Schachtel bei der Anleitung."

„Bist du reisefertig?" Ohne Vorwarnung und ohne anzuklopfen stürmte Mama ins Zimmer.

„Was ist denn hier los?", fragte sie und ich wusste, dass ihr Blick auf das Smartphone gefallen war. Sie schien sofort zu kombinieren. „Wie kommst du dazu, Juliane ein Handy zu schenken?", fragte sie nicht gerade freundlich, wandte sich zum Flur und rief Papa herbei.

„Schau dir das an", rief Mama, als mein Vater hereinspazierte. „Wie kommt deine Tante dazu, Juliane ein Handy zu schenken? Ohne unsere Zustimmung? Oder hast du dir eines von ihr gewünscht?" Mama schaute mich böse an.

„Juliane hat sich bei mir keines gewünscht", mischte sich die Großtante ein. „Außerdem bin ich schon erwachsen und alt genug, für meine Großnichte ein Geschenk kaufen zu können. Und meine Überraschung ist mir gelungen. Eure Tochter ist fünfzehn, doch ihr behandelt sie wie fünf. Es ist Zeit, dass auch sie ein Smartphone bekommt."

„Und das entscheidest du?", fragte meine Mutter.

„Jetzt reicht es aber", rief Papa. „Tante Wilhelmine hat es gut gemeint und irgendwie hat sie auch recht. Warum soll unsere Tochter nicht endlich auch ein Smartphone haben?"

„Vor nicht allzu langer Zeit hast du ganz anders geredet", wandte sich Mama an ihren Mann. „Falls du dich noch daran erinnerst."

„Ja, das tue ich. Es war an Julianes dreizehntem Geburtstag. Jetzt ist sie fünfzehn und wir sollten ihr nicht länger ein Handy vorenthalten."

„Das finde ich auch, mein Junge. Ich lebe zwar in einem Seniorenheim, aber nicht hinterm Mond. Ich bin noch sehr unternehmungslustig und sehe dadurch viele Kinder, ganz junge noch, die schon ein solches Ding haben."

„Du bist aber nicht für die Erziehung unserer Tochter verantwortlich", keifte Mama.

Ja, sie keifte regelrecht, was ihr schönes Gesicht verzerrte, und man konnte direkt ihre Antipathie heraushören, die sie

Wilhelmine gegenüber empfand. Warum das so war, verstand ich mit einem Male: Die Großtante war trotz ihrer achtzig Jahre viel moderner und fortschrittlicher eingestellt als meine Mutter.

„Ich werde mich hüten, mich in eure Erziehung einzumischen", erwiderte Wilhelmine, „aber es wird einem doch erlaubt sein, seine Meinung zu sagen. Und nun fahr mich bitte nach Hause, Carsten." Sie wandte sich an mich. „Viel Spaß mit deinem Handy, dein Vater hat meine Telefonnummer und ich freue mich, wenn du mich über dein Smartphone ab und zu anrufen würdest."

„Danke, Großtante!", rief ich und umarmte sie stürmisch.

„Lass dich nicht unterkriegen", flüsterte sie mir ins Ohr und drückte mich kurz. Dann schob sie mich von sich und schaute zu Papa hinüber. „Wir können fahren."

Das war meine Konfirmation.

Ich verzog mich nach Tante Wilhelmines Abreise sofort mit meinem Smartphone aufs Zimmer, wo meine ordnungsliebende Mutter bereits die anderen Geschenke hingebracht hatte. Sie mochte es nämlich nicht, wenn irgendwo im Haus etwas herumlag, das ihrer Meinung nach nicht dort hingehörte.

Ich hatte wenig Lust, die Päckchen auszupacken und mir die Geschenke anzuschauen. Das konnte auch bis morgen warten. Das schönste aller Geschenke war sowieso das Handy. Meine Eltern hatten mir das Kleid gekauft, die Schuhe hatte ich erst zu Weihnachten bekommen und dazu eine passende Handtasche. Neue Bettwäsche und – wie Mama meinte – hatten sie mir schließlich das Fest im Lokal ausgerichtet und das hätte genug gekostet. Hallo! War das Ausrichten eines

Festes für minderjährige Kinder nicht eine Sache der Eltern?

Mama kam unverhofft ins Zimmer geschneit, so dass ich zusammen zuckte. Konnte sie nicht anklopfen?

„Wir müssen reden", begann sie ohne Umschweife. „Das Smartphone wirst du nicht mit in die Schule nehmen, haben wir uns da verstanden?"

„Und warum nicht?"

„Weil du in die Schule gehst, um zu lernen. Zu Hause darfst du es nach den Hausaufgaben benutzen, aber wir wollen genau wissen, was du auf dem Handy machst. Ich hoffe, wir haben uns verstanden? Dein Vater ist der gleichen Meinung, du brauchst ihn also nicht extra zu fragen."

Was sollte ich also anderes tun, als zu kapitulieren? Bei meiner Mutter zog ich sowieso den Kürzeren.

Als Mama gegangen war, hatte ich nur noch Augen für mein Smartphone.

∞

Zum ersten Mal verliebt

Mama meinte es ernst. Gleich am Montagmorgen kassierte sie das Handy ein und ich wusste, dass ich es erst wieder am Nachmittag bekam. Montags fing ihr Dienst im Krankenhaus erst um 10:00 Uhr an und es wurde meist 16:00 Uhr, bis sie wieder zu Hause war. Super, dann blieb mir nur wenig Zeit für mein Smartphone. Das Beste war, in der Schule gar nicht erst zu erzählen, dass ich jetzt auch eines hatte.

Mit Herzklopfen fuhr ich in die Schule, denn der Streit mit meiner besten Freundin lag immer noch wie ein Mühlstein in meinem Magen. Eine ganze Woche lang war kein einziges Wort von ihr gekommen, nicht einmal einen Anruf zu meiner Konfirmation.

Natürlich hatte ich erwartet, dass meine Klassenkameraden, auch wenn unser Verhältnis nicht gerade das Beste war, mich nach meinen Geschenken fragen würden. Aber nichts geschah und so musste ich auch kein schlechtes Gewissen haben, wenn ich ihnen mein Smartphone verschwieg. Erst in der großen Pause fragte mich Nora. Doch bevor ich antworten konnte, entdeckte ich Lara, wie immer im Mittelpunkt einer Clique von Mädchen und Jungs.

„Sorry, Nora, ich habe grad keine Zeit. Ich sage es dir später." Rasch ging ich auf Lara zu. „Hi, Lara!", sprach ich sie an. „Können wir kurz reden? Es ist wichtig."

Ich glaubte schon, dass sie mich wieder abkanzelte, doch diesmal irrte ich mich. „Wir sehen uns später", sagte sie zu den anderen und wandte sich mir zu. „Los, was willst du mir sagen?"

Mein Mut sank bei ihrer schnippischen Frage. Trotzdem fasste ich mir ein Herz und fragte zaghaft: „Wollen wir uns wieder vertragen? Seit unserem Streit geht's mir einfach nicht so gut."

„Daran bist du doch selbst schuld."

„Gut, ich hätte dir von Angelinas Einladung erzählen sollen, aber du machst doch auch Dinge, von denen du mir nichts erzählst. Zum Beispiel als du auf Leonies Geburtstag warst."

Lara zögerte etwas, bevor sie erwiderte: „Okay, dann sind wir also quitt."

„Heißt das, dass alles wieder gut ist zwischen uns?"

„Ja, sicher. Vergessen wir den Streit. Wie war denn deine Konfirmation?"

„Ging so. Ich bin froh, dass sie vorbei ist. Komm mich doch besuchen, dann erzähle ich dir alles ausführlich."
„Mal sehen. Ich melde mich dann. Jetzt muss ich aber, es wird gleich klingeln."
Ich schaute ihr noch eine Weile nach und ging zurück in mein Schulgebäude.

Gegen 18:00 Uhr erschien Lara tatsächlich bei mir. Ich kam noch immer nicht so richtig mit meinem Smartphone klar und so präsentierte ich es gleich meiner Freundin.
„Mann, ist doch cool, dass du jetzt auch eines hast. Wurde ja auch Zeit. Jetzt können sie dich in deiner Klasse nicht mehr ärgern."
„Mama erlaubt nicht, dass ich es mit in die Schule nehme. Aber das macht mir echt nichts aus."
„Ich sage ja, Spießer. Ich würde mir das nicht verbieten lassen."
„Du bist auch ganz anders als ich. Hauptsache ist doch, dass ich endlich ein Smartphone habe. Meine 80-jährige Großtante hat es mir geschenkt. Das war meinen Eltern natürlich nicht recht."
„Cool, die Tante weiß wenigstens, was wir Mädchen brauchen. Komm, lass mich mal gucken. Ich erkläre dir, wie alles funktioniert." Plötzlich war Lara in ihrem Element und riss mich mit. „Vor allem brauchst du WhatsApp, Snapchat oder Instagram. Ich erkläre dir mal alles genau und wir laden die Apps herunter. Du kannst ja auch mit dem Teil ins Netz und dich bei Facebook anmelden. Ich habe sogar Apps, da habe ich mich älter gemacht, weil man sonst die Erlaubnis der Eltern braucht."
„Und das merkt niemand?"

„Nö, wer soll das merken? Einen Ausweis verlangt niemand."

Lara öffnete WhatsApp auf ihrem Smartphone und zeigte mir die lange Liste ihrer Kontakte. Ich staunte nicht schlecht, wie viele das waren.

„Und mit all denen schreibst du dich?"

„Klar und wir verschicken Bilder, Videos und natürlich Nachrichten. Auch über Instagram, du wirst sehen, wie toll das alles geht. Sollen wir dir ein Profil einrichten?"

„Klar, dann können wir doch auch schreiben und uns Bilder schicken."

„Aber wen soll ich dir als Kontakt eintragen? Mit wem außer mir könntest du noch schreiben? Mit deiner Klasse stehst du ja auch nicht gut."

Lara hatte recht. Mir fiel niemand ein, den ich in meine Kontaktliste eintragen könnte, außer meine Freundin; vielleicht Angelina? Aber da würde Lara bestimmt wieder was dagegen haben. Bei allem, was mir Lara noch so erklärte, schwirrte mir bald der Kopf. „Ich glaube, für heute hab ich genug gelernt", stöhnte ich.

„Du wirst bald merken, wie toll so ein Smartphone ist. Du kannst dir bei deinem Profil auch einen Nicknamen aussuchen, so weiß niemand, wer du wirklich bist. Aber fürs erste hast du jetzt WhatsApp und meinen Kontakt. Wir können später ja noch ein bisschen schreiben. Immer in Verbindung bleiben, obwohl wir nicht zusammen sind. Ist 'ne coole Sache."

„Kommst du morgen wieder?"

„Nein, da bin ich wieder mit Roman verabredet. Vielleicht gehen wir ins Kino, dort lässt es sich schön kuscheln."

„Was ist eigentlich mit Julian? Den hast du doch so toll gefunden."
Lara verzog das Gesicht. „Hör mir mit dem auf. Der steht jetzt total auf Selina, die geht auch in meine Klasse. Die ist voll ätzend."
Ich fragte gar nicht erst, warum Selina "voll ätzend" war und brachte Lara zur Haustür. „Bis morgen und danke auch!", rief ich ihr noch hinterher.
„Wofür bedankst du dich?", wollte Mama wissen, die plötzlich in der Küchentür aufgetaucht war.
Natürlich erzählte ich es ihr und sie wollte natürlich gleich mein Smartphone in Augenschein nehmen.
„WhatsApp? Ich halte nichts von diesen sozialen Medien, sie sind außerdem nicht gut für die Jugend."
„Und warum nicht?"
„Weil diese Art von Diensten abhängig machen kann, du wirst süchtig danach, die Schule leidet darunter und das wollen wir auf keinen Fall riskieren. Außerdem ist es ein Tummelplatz für Kriminelle."
„Aber ich schreibe doch nur mit Freunden und wir schicken uns Bilder. Was ist daran so schlimm? Ich pass schon auf, dass ich nicht süchtig werde."
„Das ist schneller passiert, als du denkst. Deshalb bin ich dafür, dass du nicht länger als ein bis zwei Stunden am Tag das Handy benutzt."
„Aber, Mama …"
„Kein aber. Und ich möchte nicht, dass du es unterwegs dabei hast, wenn du deine Freundin besuchst oder in die Bücherei gehst."
„Und warum das?"

„Es reicht jetzt, Juliane! Papa wird gleich kommen und wir wollen dann essen. Deck doch schon mal den Tisch."

Nach dem Abendessen, kurz vor der Tagesschau, rief mich Papa ins Wohnzimmer. „Mama hat mir erzählt, dass Lara hier war und dir mit dem Handy geholfen hat. Ich bin auch der Meinung, dass es gefährlich sein kann, in sozialen Netzwerken zu verkehren. Besonders für Jugendliche."

Oh Mann, was würde denn jetzt für eine Predigt kommen? Doch Papa reagierte mal wieder völlig unerwartet.

Er bat mich, vorsichtig zu sein, niemals private Daten und Anschriften preiszugeben und nur Kontakte zu speichern, die mir bekannt waren. „Dass es genug Betrüger im Netz gibt, das weißt du ja sicher, also sei vorsichtig."

„Ich werde vorsichtig sein, versprochen." Mama stand da mit säuerlicher Miene. „Aber alles andere wird gemacht, wie ich es gesagt habe. Ein bis zwei Stunden am Nachmittag, wenn die Hausaufgaben gemacht sind. Und ich werde ab und zu dein Handy kontrollieren."

„Okay", sagte ich resigniert. „Ich geh dann auf mein Zimmer. Gute Nacht."

Ich ging vorher noch in die Küche, mir eine Flasche Wasser holen und als ich auf dem Weg zur Treppe am Wohnzimmer vorbeikam, hörte ich Mama sagen: „Wie konnte deine Tante dem Kind ein Smartphone schenken? Ohne uns zu fragen? Das kann ich immer noch nicht nachvollziehen. Oder hast du das gewusst?"

„Nein. Wilhelmine ist alt genug, sie muss uns ja nicht um Erlaubnis fragen. Ich gebe zu, vor nicht allzu langer Zeit war ich auch strikt dagegen, dass Juliane schon ein Smartphone bekommt, doch ich habe eingesehen, dass es ein Fehler war. Man muss mit der Zeit gehen, sonst wird man ganz schnell

zu einem Außenseiter. Und sparen kann sie ja nicht, weil du ihr viel zu wenig Taschengeld gibst. Bei Klaus warst du großzügiger. Ab nächsten Monat gibst du ihr mehr Geld."
Ich wartete Mamas Reaktion gar nicht erst ab und schlich die Treppe hoch. Das, was Papa gesagt hatte, ging mir nicht aus dem Kopf. Er hatte ja echt schnell seine Meinung geändert und Mama damit regelrecht vor den Kopf gestoßen. Ob es allerdings was nützte, war abzuwarten, auch was die Erhöhung meines Taschengeldes betraf.

Der Dienstag stand wieder ganz im Zeichen von Mamas Seniorengruppe am Nachmittag. Noch beim Frühstück, das bei mir immer sehr mager ausfiel, weil ich so früh noch nicht viel essen konnte (was Mama natürlich stets beanstandete), erklärte sie mir, was ich am Nachmittag in ihrer Abwesenheit zu tun hatte. Ich hätte gerne einmal Mäuschen gespielt, um zu sehen, was sie den ganzen Vormittag über machte, denn dienstags und donnerstags arbeitete sie nicht im Krankenhaus.
Natürlich kontrollierte sie auch meinen Rucksack, ob ich nicht doch das Smartphone heimlich mitnahm. Bevor die erste Stunde begann, machte ich mich noch schnell auf die Suche nach Lara, die ich wie immer in Gesellschaft antraf. Die Mädels waren – wie konnte das auch anders sein – in ihre Smartphone vertieft und Lara schien mich gar nicht zu bemerken. Erst als ich mich verdrücken wollte, rief sie mir zu. „Warte mal, Juliane!"
„Ich will euch nicht stören."
„Und, hast du dir schon Kontakte auf dein Handy gespeichert?", wollte sie wissen.

Super, das hatten die anderen Mädels ja auch gehört und starrten zu mir her.
„Wow, deine Freundin hat jetzt auch ein Smartphone?", sagte eines der Mädchen, das ich nur vom Sehen her kannte.
„Und, lass mal sehen."
„Sie darf es nicht mit in die Schule nehmen."
War Lara das nur so rausgerutscht oder hatte sie es mit Absicht gesagt?
„Ich würde mir das nicht gefallen lassen", wandte sich jetzt eines der Mädchen direkt an mich.
Ich hatte schon befürchtet, dass man mich auslachen würde, aber das taten sie seltsamerweise nicht. In diesem Moment läutete es zur ersten Stunde.
Wie schnell es sich herumsprach, dass ich nun auch glückliche Besitzerin eines Handys war, erfuhr ich nach der großen Pause. Als ich nämlich in die Klasse kam, waren schon die meisten anwesend und hielten ihre Smartphone in der Hand.
„Hi, Jule, zeig uns doch mal deines", rief Kai und wedelte mit seinem Handy in der Luft herum. Einige seiner männlichen Mitschüler taten es ihm gleich, nur die Mädchen hielten sich noch zurück. Da rief Dennis, den ich von allen am wenigsten leiden konnte: „Wie schade, dass Mami dir verbietet, dein Smartphone mit in die Schule zu nehmen."
„Dieser Ansicht bin ich allerdings auch. Guten Morgen!"
Von uns allen unbemerkt war Frau Cornelius, unsere Biologielehrerin, hereingekommen. „Und jetzt steckt mal eure Handys weg und holt eure Hefte raus."
Soweit also zu meinem Plan, dass vorerst niemand in der Schule von meinem Smartphone etwas zu wissen brauchte.

Am späten Nachmittag, Mama war noch fort und Papa kam sicher nicht vor 19:00 oder 19:30 Uhr nach Hause, klingelte es an der Tür. Zuerst dachte ich an Lara, doch die war ja mit Roman verabredet. Als ich öffnete, stand zu meiner Freude Angelina draußen.
„Ich komme hoffentlich nicht ungelegen", begrüßte sie mich.
Ich schüttelte den Kopf. „Ich freue mich doch, komm rein."
„Ich hab gehört, dass du jetzt auch ein Handy hast."
„Dabei wollte ich es eigentlich niemanden in der Schule sagen. Lara hat es sicher erzählt."
„Genau, zwar nicht mir persönlich, aber ich bekam es so ganz nebenbei mit."
„Lara hat es sicher nicht bös gemeint, wenn es jetzt die Runde macht."
„Du musst sie nicht immer verteidigen. Wie ich sehe, ist wieder alles okay zwischen euch?"
„Ja, ich glaub schon. Sie war gestern hier und wir haben mein Handy eingerichtet. Aber es macht mir nichts aus, dass ich es nicht mit in die Schule nehmen darf."
„Ich habe meines zwar dabei, nur für den Notfall. Aber mal was anderes. Papa hat in den Pfingstferien für eine Woche auf dem Bodensee ein Hausboot gemietet, hättest du nicht Lust, mitzukommen? Meine Eltern haben nichts dagegen."
Ein freudiges Gefühl packte mich. Eine Woche Urlaub, mal weg von zu Hause, welches Mädchen träumte nicht davon?
„Lust hätte ich schon. Große sogar. Aber ob meine Eltern da mitspielen?"
„Frag sie einfach. Und sag es diesmal Lara, sonst gibt es wieder Zoff zwischen euch."

Lara! Begeistert würde sie sicher nicht sein, wenn ich mit Angelina eine Woche lang zusammen war.
„Überleg es dir, hat ja noch etwas Zeit."
„Klar, mache ich."
Wie sollte ich mich entscheiden? Einerseits würde ich gerne mit Angelina und ihren Eltern Urlaub machen, aber andererseits boten die Pfingstferien mir die Möglichkeit, wieder etwas mehr mit meiner besten Freundin zu unternehmen – falls Mama mich nicht ständig im Haushalt beschäftigte.
Gleich am nächsten Tag, als ich Lara mal zufällig allein in der Pause antraf, fragte ich sie, was sie in den Ferien denn vorhatte.
„Warum fragst du?"
„Weil ich es halt wissen möchte, denn davon hängt mein Vorhaben ab."
Nun wartete ich gespannt auf ihre Antwort. Würde sie mich jetzt bitten, die Tage mit ihr zu verbringen, würde ich Angelina absagen.
„Du musst auf mich keine Rücksicht nehmen", antwortete sie jedoch für mich völlig unerwartet. „Ich möchte so viel Zeit wie möglich mit Roman verbringen. Mama weiß von ihm und sie lässt mir alle Freiheit. Und was hast du vor?"
Ich war echt etwas enttäuscht, dass ich in ihrer Ferienplanung überhaupt nicht vorkam. Ich schluckte und erzählte ihr von Angelinas Einladung.
„Dann mach das", meinte sie, für mich etwas zu kurz angebunden. „Wie lange denn?"
„Von Pfingstmontag bis Sonntag drauf."
„Dann haben wir ja noch eine Woche, um uns mal zu treffen, vielleicht zusammen mit Roman und Felix? Dann

können wir vier doch mal was unternehmen, was meinst du? Tagsüber, denn abends geht es bei dir ja nicht."
Da war er wieder, der allzu bekannte Seitenhieb.
Bei der Erwähnung von Felix' Namen war mit plötzlich ganz heiß geworden.
„Das wäre echt cool", erwiderte ich rasch.

Abends erzählte ich dann meinen Eltern von Angelinas Einladung. Ich staunte allerdings nicht schlecht, dass sie – nach einiger Überlegung – damit einverstanden waren. Ich freute mich wie eine Schneekönigin, endlich mal eine Woche von daheim wegzukommen. Endlich einmal fort von einem Zuhause, in dem ich mir oft eingesperrt und ungeliebt vorkam. Ich war unheimlich aufgeregt, als ich Samstagmorgen meine Tasche packte und mir Mamas Vortrag über Verhalten und so weiter anhören musste. Als sie am Nachmittag wie immer im Seniorenheim war, ging ich endlich nach etlichen Tagen mal wieder zu Tom in die Bücherstube.
„Du hast dich aber rar gemacht", begrüßte er mich freundlich. „Ich wollte schon einige Male bei euch klingeln und fragen, ob du krank bist."
„Nein, nein, alles okay, aber danke, dass du dir Sorgen gemacht hast. Ich hatte in den letzten Tagen viel zu tun." Ich erzählte ihm weiter, dass ich ein Handy bekommen hatte und mich natürlich erst damit anfreunden musste.
„Am Montag fahre ich mit einer", ich überlegte kurz und sprach weiter, „Freundin und deren Eltern für ein paar Tage in Urlaub. Könnte ich das Buch vielleicht mitnehmen? Ich werde bestimmt öfter mal drin lesen."
„Klar, nimm es ruhig mit. Er griff unter die Ladentheke und holte den Potter-Band hervor. Ich las etwas mehr als eine

Stunde, steckte das Buch in meinen Rucksack und wünschte Tom ein schönes Pfingstfest.
„Danke, dir und deiner Familie auch und schöne Urlaubstage. Wo geht's denn hin?"
„Nur auf ein Hausboot auf dem Bodensee."
„Nur ist gut", schmunzelte Tom. „Eine Urlaubsreise auf dem Bodensee ist doch ein schönes Erlebnis. Dann wünsche ich dir viel Spaß."
Am Montag im Laufe des Vormittags holten mich Angelina und ihre Eltern mit dem Wagen ab. Zuvor hatte mir Mama einen Fünfzig-Euro-Schein zugesteckt und Papa einen Hunderter. „Aber behalte es für dich", hatte er mir beim Abschied zugeflüstert.
Die Fahrt von Rosenau nach Konstanz war nicht allzu lange und so konnten wir bereits am frühen Nachmittag unser Boot übernehmen. Wir mussten noch an der Anlegestelle bleiben, weil erst unser Proviant besorgt wurde. Während Angelinas Eltern das taten, erkundeten wir etwas die Gegend. Da ich noch nie so nahe am See war, obwohl wir es ja nicht weit hatten, schaute ich mir alles genau an. Hier lagen Yachten, Segelboote, Motorboote und natürlich Hausboote in allen Größen und sicher auch Preisklassen. Als kleines Mädchen wollte ich immer gerne einmal mit einem großen Schiff auf dem See fahren, aber meine Eltern hatten mir diesen Wunsch nie erfüllt. Nun war ich endlich hier und fühlte mich so frei wie schon lange nicht mehr.
„Ist doch traumhaft hier", holte mich Angelina aus der Versunkenheit. „Warte nur, bis wir auf dem Wasser sind. Papa will zur Mainau, rüber nach Lindau und Bregenz. Wir haben bestimmt eine schöne Zeit. Was hat eigentlich Lara gesagt?"

„Dann mach das, hat sie gesagt. Aber ich glaube, es war ihr nicht so recht."

„Hast du jetzt ein schlechtes Gewissen?"

Sollte ich ehrlich sein? Ich entschied mich für ja. „Ein bissel schon. Andererseits habe ich mich geärgert, weil ich in ihrer Ferienplanung gar nicht vorkam. Sie will mit Roman viel Zeit verbringen und mal sehen, ob wir uns in der zweiten Ferienwoche mal treffen."

„Na, dann genieße du deine Zeit mit uns."

„Hallo, ihr Hübschen, wenn das kein Zufall ist!"

Wir drehten uns beide um und schauten Felix verdutzt an, ich zumindest. Sofort machte mein Herz ein paar schnelle Schläge, als ich ihn so da stehen sah. Lässig, in einer weißen Hose und dem hellblauen Shirt. Ein guter Kontrast zu seiner gebräunten Haut. Er lächelte uns an. „Was treibt euch denn hier her?"

Während Angelina es ihm haarklein erklärte, konnte ich ihn nur anstarren.

„Ich schau dann mal nach meinen Herrschaften", rief Angelina und ließ uns allein.

„Und was machst du hier?", wollte nun ich wissen.

„Ich war mit dem Segelboot draußen und kaum bin ich an Land, habe ich euch entdeckt. Dass dich deine Eltern fortgelassen haben, wundert mich."

„Warum?"

„Weil du dich sonst so zierst, wenn ich dich mal um ein Date bitte."

„Das ist ja ganz was anderes! Du möchtest ja, dass ich meine Eltern anschwindle, um mit dir ausgehen zu können. Bei den Schönbergs dagegen wissen sie mich in guter Gesellschaft."

„Dann bin ich keine gute Gesellschaft für dich?"
„Habe ich nicht gesagt. Aber meine Leute kennen dich nicht und würden es nie erlauben, dass ich mit einem älteren Jungen ausgehe. Darin sind sie altmodisch."
„Nicht nur darin. Aber lass uns nicht streiten. Darf ich dich jetzt wenigstens dort drüben", Felix zeigte auf das kleine Strandcafé, „auf ein Eis oder ein Getränk einladen?"
„Gerne. Aber wir müssen uns beeilen, könnte sein, dass die Schönbergs bald von ihrem Einkauf zurückkommen."
„Geht nur!" Wie aus dem Boden gestampft stand Angelina da. „Ich warte hier."
„Komm doch auch mit", bat ich.
Doch sie lehnte ab.
Kurz darauf saßen wir an einem Tisch mit Blick auf den See. Für Mai war es schon ziemlich warm, und unter strahlend blauem Himmel genoss ich den Ausblick. Endlich konnte ich mal unbeschwert sein und musste nicht auf die Zeit achten.
„Du denkst gerade an was Schönes, habe ich recht?"
Ich musste lachen. „Kannst du Gedanken lesen? Ich habe gerade an die Tage gedacht, die vor mir liegen. Einmal keinen Stress, keine Schule, keine Vorwürfe, niemand, der mir ständig sagt, was ich tun muss oder nicht tun sollte."
„So schlimm? Das tut mir echt leid."
„Muss es aber nicht. Auch wenn mich zu Hause oftmals alles nervt, einschließlich meiner Eltern, liebe ich sie trotzdem."
„Das habe ich auch nicht bestritten. Ich glaube, das geht wohl jedem von uns so, das ist das Normalste auf der Welt. Oh, ich glaube, Angelinas Eltern sind da. Aber es ist ja noch etwas Zeit, sie müssen erst die Sachen an Bord bringen.

Schade, dass wir uns schon wieder trennen müssen. Ich kann dir ja nicht einmal eine Nachricht schreiben, weil du kein Handy hast."

Ich grinste und holte aus meinem Rucksack das Smartphone. Nach längerem Bitten hatten meine Eltern schließlich nachgegeben und ich durfte es mitnehmen. Gespannt wartete ich auf Felix Reaktion.

„Echt? Seit wann?"

„Seit vorigem Sonntag, da hatte ich Konfirmation."

„Da haben sich deine Eltern also doch breit schlagen lassen."

Ich erklärte ihm, dass es meine Großtante war, von der ich es bekommen hatte.

„Juliane!" Angelina winkte mir zu. „In zehn Minuten laufen wir aus, verabschiede dich mal."

Ich öffnete WhatsApp und Felix fügte seine Handy-Nummer hinzu. „Nun bleiben wir wenigstens auf diesem Weg in Verbindung. Bitte schick mir mal Bilder, ja?"

„Mach ich gerne."

Er bezahlte und begleitete mich zur Anlegestelle, wo Angelina wartete. „Dann machts gut, Mädels."

Felix drückte mir einen Kuss auf die Wange, winkte und ging davon. Ich schaute ihm nach, bis er nicht mehr zu sehen war.

„Da hat sich aber eine mächtig verknallt", hörte ich Angelina sagen. „Das ist kaum zu übersehen."

Ich starrte sie an. „Ich, ich bin doch nicht verliebt", stotterte ich.

„Oh doch, bist du."

Sie lachte, hängte sich bei mir ein und zog mich mit sich.

∞

Mein erster Urlaub

Ich staunte nicht schlecht über die Größe des Hausbootes. Angelina und ich bezogen gemeinsam eine Kabine, eine weitere war für ihre Eltern. Daneben gab es eine Küche, ein Wohnzimmer und ein Bad mit Toilette. Alles war sehr modern eingerichtet und ich wollte nicht wissen, was Herr Schönberg dafür hingeblättert hatte.
Nun stand ich oben und schaute, wie Konstanz immer kleiner wurde. Das erste Ziel sollte Lindau sein, eine gut dreistündige Fahrt. Angelinas Vater meinte, dass er das Boot auf diesem Weg richtig "einfahren" wollte. Uns war es recht. In Lindau wollten wir auch über Nacht bleiben.
Es war herrlich. Wir standen an Deck und ließen uns den Fahrtwind um die Ohren wehen.
„Na, bereust du es, mitgekommen zu sein?", fragte Angelina.
„Nein, es ist herrlich und ich fühle mich so richtig frei."
Oh ja, das tat ich auch. Um nichts in der Welt wollte ich mit jemandem tauschen, nicht einmal mit Lara. Wir legten uns auf die Liegestühle und ich starrte in den blauen Himmel hinein, an dem nur ab und zu ein paar weiße Wölkchen vorüberzogen.
Als wir in Lindau ankamen, verdunkelte sich der Himmel plötzlich und es begann zu regnen. Da es sowieso schon Abend war, suchten wir uns ein Lokal direkt am Hafen. Später saßen wir zu viert um den Küchentisch auf dem Hausboot herum und spielten Skip-bo.

Irgendwann fielen Angelina und mir die Augen zu und wir gingen schlafen.
Als ich am nächsten Morgen aufwachte, fielen Sonnenstrahlen durch das Fenster. Ich schaute zu Angelina, die aber noch schlief. Rasch schlüpfte ich in meine Jeans und das Shirt und ging an Deck. Die Luft war frisch und roch nach dem Regen vom vergangenen Tag. Eine leichte Brise wehte das Bellen eines Hundes zu mir herüber. Ein paar Frühaufsteher schlenderten den Uferweg entlang und ich entdeckte einen Kiosk, der bereits geöffnet hatte. Noch war nicht viel los hier, aber das würde sich sicher bald ändern.
„Guten Morgen", hörte ich Angelinas Gruß. „Bist du schon lange wach?"
„Nein, noch nicht. Es ist so schön und ich könnte ewig hier stehen und einfach nur schauen."

Nach dem Frühstück machten wir auf Wunsch von Frau Schönberg einen kleinen Stadtrundgang, aßen in einem recht vornehmen Lokal zu Mittag und fuhren anschließend weiter nach Bregenz. Während der Fahrt hatte ich endlich Zeit, Mama eine kurze SMS zu schreiben. Als ich mein Handy wieder weglegen wollte, kam eine WhatsApp Nachricht von Felix: *Wo schippert ihr gerade rum? Ich vermisse dich.* Die Nachricht endete mit einem Herz-Smilie. Er tat ja gerade so, als wären wir schon ein Paar. Trotzdem konnte ich nicht verhindern, dass mir ein Kribbeln den Rücken runterkroch.
Wir fahren gerade nach Bregenz, schrieb ich zurück, *ich schicke dir von dort mal ein paar Bilder.*
Aber bitte eines, wo du drauf bist, ja?
Mal sehen.

Nicht mal sehen, ich bitte dich doch ganz herzlich drum. Zwinkernder Smilie.
Wenn du so schön bittest, will ich mal nicht so sein. Ich setzte einen lachenden Smilie an und schickte ab.
„Felix?" Angelina setzte sich neben mich.
„Ja, er möchte unbedingt ein Foto. Könntest du eines von mir machen? In Bregenz vorm Hausboot?"
„Klar mach ich das. Hast du eigentlich schon deiner Freundin geschrieben?"
Lara! Die hatte ich ganz vergessen und bekam sofort ein schlechtes Gewissen. Ich griff erneut zu meinem Handy und schrieb ihr eine Nachricht. Später wollte ich noch ein paar Bilder machen und sie ihr ebenfalls schicken, nahm ich mir vor.
Als wir nach etwa zwei Stunden Bregenz verließen, schickte ich Felix die Bilder, die ich dort gemacht hatte, einschließlich eines von mir. Es dauerte auch nicht lange und er antwortete: *Super, danke dir. Du siehst sehr süß aus, weißt du das?*
Du musst mir nicht immer so Komplimente machen, bat ich ihn. *Ich melde mich mal wieder.*
Ich merkte selbst, wie kurz angebunden ich war. Würde ich mich jemals daran gewöhnen, mich mit jemandem schriftlich per Handy zu unterhalten? Ich sprach lieber mit einem Menschen, der vor mir stand, oder wenn ich mit ihm telefonierte. Ich schob das Smartphone wieder in meinen Rucksack und ging zu den anderen an Deck. In den nächsten zwei Tagen fuhren wir an der Schweizer Seite entlang und machten noch Halt in Rorschach und in Romanshorn, wo Angelina und ich endlich unsere erste und einzige Shoppingtour machten. Ich kaufte mir zwei schicke Caprihosen, zwei Trägertops, ein knielanges Sommerkleid und ein paar

schicke Ballerinas. Das war für mich ein echtes Erlebnis, denn zu Hause ging meine Mutter immer mit mir zum Kleiderkauf oder es wurde im Internet etwas bestellt. Ich knipste etwas die Gegend und schickte Felix ein paar Bilder, auch an Lara und meine Eltern. Bisher hatte meine beste Freundin jedoch auf meine Nachricht nicht geantwortet, was mich doch etwas unruhig werden ließ. Die Zeit auf dem Hausboot ging so wahnsinnig schnell vorbei und je näher der Sonntag kam, umso trauriger wurde ich. Wir fuhren zurück Richtung Konstanz und machten einen Abstecher zur Mainau. Es war sehr tropisch auf dieser Insel und ich musste zugeben, dass es der bisher schönste Ort war, den wir besucht hatten. Unser letzter Halt, bevor wir am Sonntagabend in Konstanz anlegten, sollte Meersburg sein. Am Abend vorher schrieb mir Felix wieder: *Wann kommt ihr morgen an?*
Ich weiß nur, dass es so gegen Abend sein wird, schrieb ich zurück. *Morgen früh sind wir in Meersburg, wir wollen die Burg besichtigen.* Ich hängte wieder einen lachenden Smilie an.
Hat Lara sich bei dir gemeldet?
Warum wollte er das wissen?
Nein. Ich habe ihr zweimal geschrieben und Bilder geschickt. Warum fragst du?
Naja, sie hat sich mit Roman gezofft. Es ging mal wieder um Eifersucht. Er darf ja nicht einmal ein anderes Mädchen freundlich angucken und schon ist sie auf hundert.
Sie wird es mir sicher erzählen, wenn ich daheim bin.
Okay, dann schlaf gut. Vielleicht komme ich zur Anlegestelle, wenn du mir kurz vorher schreibst, wann ihr ungefähr dort seid. Ein Kuss Smilie.

Ich schrieb nicht zurück und schaltete das Handy aus. Ich musste sparsam sein, denn meine fünfzig Euro waren sicher bald verbraucht.
Lara und die Eifersucht! Die galt aber nur für die Menschen, die sie als ihre Freunde betrachtete und niemals für sich selbst. Lara nahm sich die Freiheit mit Jungs zu flirten, obwohl sie einen Freund hatte. Und wie sauer sie auf mich war, als ich auf Angelinas Geburtstag gewesen bin ... Natürlich ohne meiner besten Freundin etwas davon zu erzählen.

So gegen 10:00 Uhr am nächsten Tag machten wir uns den Weg nach Meersburg. Geplant war eine Besichtigung der Burg, aber Angelina zog nicht so recht mit.
„Ich würde lieber einen Stadtbummel machen, Papa", erklärte sie ihrem Vater. Burgbesichtigung war auch nicht gerade mein Ding, aber da ich ja lediglich Gast war, hielt ich mich zurück.
„Und du, Juliane?", fragte mich Frau Schönberg. „Burg oder Stadt?" Letztendlich entschied ich mich auch für die Stadt.
„Gut, dann zieht ihr durch die Stadt und wir treffen uns Punkt 15:00 Uhr hier an der Anlegestelle", erklärte uns Herr Schönberg. Er gab Angelina einen Fünfziger. „Ihr müsst unterwegs ja auch etwas essen und trinken, vielleicht findet ihr noch etwas Schönes für euch."
Angelina fiel ihrem Vater um den Hals. „Danke, Paps!" Dann gab sie ihrer Mutter einen Kuss und wir trennten uns.
In der Stadt war ziemlich viel Betrieb. Wir suchten zuerst ein paar Boutiquen heim, probierten in einem Schuhladen Schuhe an, ohne fündig zu werden, und landeten schließlich in einem Kaufhaus, wo wir in CDs herumwühlten. Angelina

fand eine mit ihrer Lieblingsband und danach schaute ich mich nach Büchern um.

Das Wetter war für Ende Mai schon fast sommerlich warm und überall in der Einkaufspassage saßen die Menschen draußen in Lokalen, Cafés und Eisdielen. Schließlich fanden wir noch einen freien Tisch vor einer Pizzeria.

Ich wollte gerade von meinem O-Saft trinken, als mich eine Stimme daran hinderte. „Hallöchen, ihr zwei Hübschen!"
Meine Hand mit dem vollen Glas zitterte und ich stellte es rasch hin. Ich musste mich erst von meinem Schrecken erholen, der mir sein plötzliches Auftauchen beschert hatte.
„Was ... was machst du hier? Ich ... ich dachte, wir treffen uns erst in Konstanz." Meine Frage war das reine Gestotter.
„Die Überraschung ist mir gelungen, wie ich sehe", erwiderte Felix lachend und setzte sich zu uns.
„Davon kannst du ausgehen", rief Angelina.
„Ich hatte gerade nichts anderes zu tun und bin mit dem Segler rübergekommen. Wie wärs damit, Juliane?"
„Womit?"
„Na, mit Segeln. Jetzt wäre die Gelegenheit günstig. Wo sind eigentlich deine Eltern?" Er wandte sich an Angelina.
„Burg besichtigen. Außerdem müssen wir um drei Uhr an der Anlegestelle sein, weil wir dann rüber nach Konstanz fahren."
Ich schaute auf meine Uhr. Schon 13:30 Uhr.
„Die Zeit zum Segeln reicht nicht mehr", hörte ich Angelina sagen. In diesem Moment kam unsere Pizza.
„Möchte der Herr auch bestellen?", fragte die Bedienung mit italienischem Akzent.
„Nur eine Cola", erwiderte Felix und wandte sich an uns.
„Dann lasst es euch mal schmecken. Wie wäre es, wenn ich

dich", er schaute zu mir, „mit dem Segelboot rüber nach Konstanz fahre?"

Der Vorschlag war schon verlockend, aber ich war bei weitem nicht so impulsiv wie Lara, die sicher gleich einverstanden gewesen wäre. Außerdem hatte ich Angst, meine Eltern könnten davon Wind bekommen.

„Nein", lehnte ich deshalb ab, „ich fahre mit dem Hausboot zurück."

„Deine Entscheidung! So eine Gelegenheit bekommst du wahrscheinlich kein zweites Mal. Wenn du erst wieder zu Hause bist, lassen dich deine Eltern doch ohnehin nicht weg."

„Ich habe einen Vorschlag", sagte Angelina, „wir essen jetzt fertig, dann verschwinde ich und ihr habt etwas Zeit für euch. Was meint ihr?"

„Keine schlechte Idee", erwiderte Felix. „Auch wenn ich die Idee mit dem Segelboot besser finde."

„Und du, Juliane?"

Ich musste mir eingestehen, dass ich recht verunsichert war. Zum einen hatte ich doch etwas Angst allein mit Felix – obwohl es hier ja von Menschen nur so wimmelte. Andererseits gefiel mir der Gedanke, zumal mein Herz heftig gegen den Brustkorb klopfte. Aber was konnte schon passieren? Und Angelina würde mit Sicherheit nichts ausplaudern.

„Und was machst du dann?", wollte ich von ihr wissen.

„Ich bummel noch ein bissel, aber bitte, sei pünktlich am Hausboot."

Das versprach ich ihr und musste schon wieder an Lara denken, die mich wahrscheinlich nicht allein mit Felix gelassen hätte.

„Und jetzt zeige ich dir Meersburg", sagte Felix, als wir die Pizzeria verließen.
Meine Beine waren ein bisschen wie Pudding, als ich so neben ihm her schlenderte. Er war einen Kopf größer und hatte auch einen recht zügigen Gang.
„Bin ich dir zu schnell?", fragte er, als hätte er meine Gedanken erraten.
„Schon, ich kann kaum Schritt halten."
„Sorry, ich werde mich bessern." Er lachte und legte seinen Arm um meine Schulter.
Diese Berührung jagte mir ein Kribbeln über den Rücken. Aber ich fand diese Vertrautheit angenehm, traute mich jedoch nicht, meinen Arm um seine Taille zu legen, wie ich das schon bei Pärchen gesehen hatte.
„Kennst du dich hier aus?"
„Ein bisschen, vertrau mir."
Es fühlte sich irgendwie falsch an, jemandem zu vertrauen, den ich kaum kannte. Aber da war auch noch dieses andere Gefühl, ein Verliebtseingefühl, und ich wollte endlich nicht mehr außen vor stehen. So nahm ich mir vor, den Augenblick zu genießen.
Felix war der Führer und ich folgte ihm durch die Altstadt.
„Ich würde viel lieber mit dir ganz allein sein", begann er nach einer Weile. „Kannst du es nicht doch einmal einrichten, dass wir uns treffen? Nur wir beide? Zum Segeln oder einfach zum Baden?"
„Hast du denn ein eigenes Segelboot?"
Eine blödere Frage konnte ich wohl nicht stellen. Was sollte er nur von mir denken?

„Nein, du kannst es mieten. So reich sind wir jetzt auch wieder nicht. Komm, lass uns zur Friedrichshöhe, dort gibt es eine sehr schöne Aussicht."
Er zog mich einfach mit und ich ließ es geschehen.
Die Aussicht war echt toll und wir hatten sie eine Weile genossen. Außer uns waren nur sehr wenige Leute hier oben unterwegs. Dann nahm Felix meine Hand und zog mich mit zu einer Bank, die etwas verdeckt von Blicken war. Doch kaum saßen wir, da nahm er mich in seinen Arm und gab mir einen Kuss. Den spürte ich noch Stunden später auf den Lippen, als wir mit dem Hausboot in Konstanz anlegten.

∞

Felix

Es war kurz vor 20:00 Uhr, als mich die Schönbergs zu Hause absetzten. Ich bedankte mich noch einmal für die Einladung und versprach Angelina, sie in den nächsten Tagen mal anzurufen. Papa öffnete, bevor ich dazu kam, meinen Schlüssel aus dem Rucksack zu fischen. Er begrüßte mich lächelnd. Ich umarmte ihn und gab ihm einen Kuss.
„Hallo, Paps, da bin ich wieder."
„Das sehe ich. Und war es denn schön?"
„Ja, mega toll", rief ich gut gelaunt, vielleicht zu gut für meine Mutter, die jetzt ernst dreinblickend hinter Papa im Flur auftauchte. Vielleicht bildete ich es mir auch nur ein, dass ich in ihrem Gesicht keine Freude entdeckte, mich wiederzusehen und das machte mich unendlich traurig. Trotzdem umarmte ich sie mit einem gespielt fröhlichem „Hi, Mama."

„Gottseidank bist du wieder zu Hause. Am besten, du gehst gleich auf dein Zimmer auspacken."
Da war er wieder, dieser Befehlston.
„Und ich gehe mir die Tagesschau ansehen", erklärte Papa und verschwand im Wohnzimmer.
Enttäuscht von Mamas kühler Begrüßung verdrückte ich mich auf mein Zimmer. Ich hatte gerade mein Gepäck aufs Bett gestellt, als sie auch schon hereinkam. Sie fragte lediglich, ob es denn schön gewesen war, in einem Hausboot auf dem Bodensee herumzufahren und als ich anfing, davon zu schwärmen, widmete sie sich sofort meiner Reisetasche. Sie ließ sich von mir nicht davon abhalten, sie eingehend zu untersuchen und fand natürlich die neuen Klamotten. „Als ob du nicht schon genug zum Anziehen hast", beschwerte sich meine Mutter. „Und dann noch solche Fummel", sie hielt die Trägershirts hoch. „So etwas ziehst du in der Schule nicht an, hast du verstanden?"
Ich verstand nicht, vielmehr ich wollte das nicht verstehen.
„Warum denn? Solche Tops tragen doch viele."
„Du aber nicht. So knappe Fummel nicht."
Die Tops waren doch nicht knapp, nur luftig und sie saßen sogar etwas zu locker, wie ich fand. Mama wühlte weiter und holte die Caprihosen, das Sommerkleid und die Ballerinas hervor.
„Die hast du dir auch gekauft? Woher hattest du das viele Geld? Ich habe dir nur fünfzig Euro mitgegeben."
Ich schwieg, was meine Mutter in Erregung versetzte. „Hast du dir etwa Geld von den Schönbergs geliehen?", schnauzte sie mich an. „Das wirst du schön von deinem Taschengeld zurückbezahlen."

Im nächsten Moment hielt sie das Potter-Buch in der Hand.
„Hattest du das etwa auch dabei?"
Ich wollte schon sagen: „Sonst wäre es ja nicht in meiner Tasche gewesen", doch ich schluckte die Bemerkung runter.
„Ja. Ich bringe es gleich morgen in die Bücherei zurück", versprach ich kleinlaut. Zu meiner Schande musste ich gestehen, dass ich während der ganzen Urlaubswoche nicht einen Blick in das Buch geworfen hatte.
„Wo ist das Handy?", hörte ich Mama fragen und holte es aus meinem kleinen Rucksack. Zum Glück hatte ich den Kontakt "Felix" noch auf dem Hausboot gelöscht, weil ich mir denken konnte, dass Mama kontrolliert. Nun stand sie da und schaute sich auf dem Display um. Dann ging sie damit zur Tür. „Wir haben schon gegessen, aber wenn du noch Hunger hast, kannst du dir Brot machen. Pack erst deine Sachen aus und lege die Schmutzwäsche ins Bad."
„Und mein Handy?"
„Wir hatten uns auf ein bis zwei Stunden täglich geeinigt, die Woche Urlaub war eine Ausnahme." Damit verließ sie mein Zimmer.
Ich starrte eine ganze Weile auf die geschlossene Tür. Mein ganzes Glücksgefühl, das ich in den letzten Tagen gespürt hatte, hatte sich mit einem Schlag in Luft aufgelöst. Ich setzte mich auf mein Bett und fühlte ein Brennen in den Augen. Warum konnte meine Mutter nicht mehr so liebevoll zu mir sein wie Frau Schönberg zu ihrer Tochter?
Ich hatte zwar seit der Pizza am Mittag nichts mehr gegessen, doch der Appetit war mir vergangen. Trotzdem ging ich runter und holte mir lediglich eine Flasche Wasser. Dann schaute ich ins Wohnzimmer und wünschte meinen Eltern eine gute Nacht.

„Gute Nacht, Kleines", rief Papa.
Mama stand auf und sah mich an. „Warum hast du mir nicht gesagt, dass Papa dir Geld gegeben hat?"
Sollte ich verraten, dass ich ihm versprochen hatte, Mama nichts von dem Hunderter zu sagen? Aber Papa war mir zuvorgekommen. „Ich hatte Juliane gebeten, dir nichts zu sagen, sonst hättest du ihr doch kein Geld gegeben, oder Maria?"
„Nein, hundert Euro wären noch zu viel gewesen. Aber lassen wir das jetzt. Ich möchte meinen Sonntagsfilm in Ruhe anschauen. Gute Nacht, Kind. Aber du kannst gerne auch mitgucken."
Das lehnte ich ab und verschwand in meinem Zimmer.
Bei meinem Abschied von Felix hatte ich ihn angefleht, mir ja keine Nachricht aufs Handy zu schicken. Wie sollte ich mich jetzt mit ihm in Verbindung setzen? Ich hatte mir zwar seine Nummer notiert, aber ohne Smartphone? Und vom Festnetz aus anrufen ging nicht, weil meine Eltern die fremde Nummer sicher sehen und zurückrufen würden. So musste ich warten, bis Mama mir mein Handy am nächsten Tag wieder gab. Ich hatte ja die ganze Woche über noch Pfingstferien.
Am Montag schlief ich mich erst einmal aus und als ich runter in die Küche kam, war Mama bereits zur Arbeit. Jedoch – und wie konnte es anders sein – lag ein Zettel auf dem Tisch: *Zwei Wäschestapel liegen vor der Maschine, beide 30 Grad, dann sei so gut und sauge durch. Im Kühlschrank steht noch Gulasch von gestern, kannst dir Nudeln dazu machen.*

Super. Ich war wieder zu Hause in meinem alten Trott gefangen. Während die erste Maschine lief, brachte ich das Buch zu Tom.

„Urlaub vorbei?", empfing er mich.

„Leider viel zu kurz. Es war so schön, dass ich nicht einmal zum Lesen kam."

„Na, dann war es wirklich schön. Aber jetzt wirst du sicher wieder mehr Zeit finden, denke ich mir. Ihr habt ja noch Ferien."

Ich seufzte. Am liebsten wäre ich jetzt gleich geblieben, aber zu Hause lief die Waschmaschine. So verabschiedete ich mich und ging heim. Nachdem ich Staub gesaugt hatte, rief ich Lara an.

„Wann bist du denn heimgekommen?", fragte sie.

„Gestern Abend."

„Warum hast du nicht noch angerufen?"

„Ich war müde, und außerdem konnte ich nicht wissen, ob du zu Hause bist. Hast du Zeit, zu kommen?"

Sie schien zu überlegen, weil es einige Sekunden dauerte, bis sie antwortete. „Gut, ich komme vorbei."

Eine halbe Stunde später war sie da. Ich wärmte das Gulasch und warf ein paar Hand voll Nudeln in kochendes Wasser. Das Essen reichte für uns beide.

„Nun erzähl mal", forderte sie mich auf. „Wie war es auf dem Hausboot?"

Und ich erzählte.

„Hast du dich wieder mit Angelina angefreundet?", wollte sie dann noch wissen.

Irrte ich mich, oder hatte in ihrer Frage ein merkwürdig fremder Klang mitgeschwungen?

„Wir verstehen uns, ja, aber es ist keine Freundschaft."
Aber es könnte wieder eine werden, schoss es mir in den Sinn. Ich wechselte das Thema. „Bist du jetzt fest mit Roman zusammen?"
„Ja, was denkst du denn. Wir treffen uns heute Abend wieder, wir gehen ins Kino. Dort kann man am besten schmusen." Sie lachte.
Ich rang etwas mit mir und dachte, dass Freundinnen sich eigentlich alles erzählten, warum erzählte ich ihr nicht von Felix und mir?
„Du hast doch was?", hörte ich Lara sagen. „Nun erzähl schon. Darfst du dein Handy nicht benutzen oder haben dir deine Eltern neue Auflagen gemacht?"
Ich zog tief die Luft ein und stieß sie wieder aus. „Ich habe mich verliebt." So, jetzt war es raus.
„Echt?" Lara sah mich entgeistert an, so, als wollte sie nicht glauben, dass gerade mir so etwas passierte. „Du und verliebt? Wer ist es, kenne ich ihn?"
„Es ist Felix."
„Oh, da hast du echt einen guten Fang gemacht. Und ist er auch in dich verknallt?"
„Ich glaube es, hätte er mich sonst geküsst?"
„Wow, wie seid ihr euch denn nähergekommen? Das will ich jetzt aber genau wissen."
Und ich erzählte ihr alles.
„Schau an, unsere stille und zurückhaltende Juliane. Stille Wasser, gell? Dass du dir ausgerechnet den smarten Felix schnappst, daran hätte ich am allerwenigsten gedacht. Und wann seht ihr euch wieder? Wir könnten doch tagsüber mal zu viert was machen, es sind ja Ferien."

„Meine Eltern wissen nichts von ihm und ich glaube, Mama würde der Schlag treffen, wenn sie wüsste, dass ich mich in einen Achtzehnjährigen verliebt habe."
„Ja, das glaube ich auch. Da müssen wir uns mal was überlegen. Du könntest doch vielleicht am Donnerstag bei mir übernachten. Dann gehen wir zum alten Güterbahnhof und tanzen. Felix ist ja dort als Discjockey."
„Nein, ich werde meine Eltern ganz gewiss nicht anlügen. Felix hat auch schon was in dieser Richtung vorgeschlagen. Aber ich hätte dann den ganzen Abend Angst, dass es herauskommt."
„Du Hasenfuß, dann kann ich dir auch nicht helfen. Dann biste selbst schuld, wenn er sich eine andere sucht."
„Nun bist du sauer, oder?"
Wieder war da die Furcht, etwas falsch gemacht zu haben.
„Nö, du hast ja den Schaden, wenn du ihn verlierst."
„Wenn er mich auch lieb hat, dann akzeptiert er meine Entscheidung. Darf ich ihn mal von deinem Handy aus anrufen?" Diese Idee war mir gerade spontan gekommen.
Lara gab mir ihr Smartphone, ich holte meinen Timer, den ich vor meiner Mutter gut versteckt hielt, und suchte nach der Nummer. Felix war sofort dran.
„Hi, hier ist Juliane."
„Schön, dass du anrufst", hörte ich seine Stimme im Ohr und mein Herz schlug gleich etwas heftiger. „Du hattest mir ja verboten, dich anzurufen."
„Ja und du weißt auch warum. Lara ist gerade bei mir und so kann ich von ihrem Handy aus anrufen. Was machst du gerade?"
„Nichts Besonderes. Wäre es möglich, dass wir uns jetzt sehen?"

„Ja, aber komm bitte nicht zu mir heim. Wir könnten uns an der Bushaltestelle Brückenweg treffen, wenn es recht ist."
Es war ihm recht. Ich schaute Lara an. „Du bist mir doch hoffentlich nicht böse, wenn ich mich mit Felix treffe? Ich muss spätestens um vier nachmittags zu Hause sein, wenn Mama vom Dienst kommt."
„Iwo, wir hören uns dann morgen. Ich ruf dich an."
Sie ging, ich räumte schnell die Wäsche aus dem Trockner und tat die zweite Waschladung hinein. Die konnte auch trocknen, wenn ich nicht da war. Mit meinen Gedanken war ich bereits bei Felix, als ich die Haustür abschloss.
Ich stand etwa zehn Minuten an der Haltestelle, als er angebraust kam. „Hi, meine Süße, komm, steig schnell ein."
Sein Lächeln steckte an und wir küssten uns zur Begrüßung. „Wo darf ich dich hinfahren?", fragte er und fuhr los.
Ich betrachtete ihn von der Seite. Wie gut er ausschaute, trotz Brille, und ich war glücklich, dass er sich für mich interessierte, für ein Mädchen mit mittelmäßigem Aussehen.
„Wenn du mit deiner Betrachtung fertig bist, kannst du mir bestimmt antworten."
„Sorry, nicht so weit, ich will um 16:00 Uhr spätestens zu Hause sein. Vielleicht raus zum Stadtwald? Dort könnten wir doch ein bisschen spazieren gehen und es sind nicht zu viele Leute da."
Felix brauchte einen Moment, bis er antwortete. Woran hatte er gedacht? „Na gut, wie die Lady wünscht. Warum hast du nur so große Angst vor deinen Eltern? Du musst dich endlich mal durchsetzen und um deine Rechte kämpfen."

„Du hast gut reden. Du kennst meine Eltern nicht. Sie machen sich halt Sorgen, wenn ich unterwegs bin."
„Ich finde, sie übertreiben es. Lara hat mal so Andeutungen gemacht."
„So, welche denn?"
„Du musst nicht gleich schnippisch werden! Ich kann doch nichts dafür, dass du unter dem Pantoffel deiner Al... pardon, Eltern stehst."
Mir war nicht bewusst, dass ich schnippisch reagiert hatte.
„Es tut mir leid, wenn meine Frage so rüberkam. Aber bitte, lass uns jetzt nicht streiten."
„Nein, nein, wir wollen die kurze Zeit nicht damit verbringen."
Bald hatten wir den Stadtwald erreicht. Felix stellte das Auto auf den Parkplatz und wir stiegen aus. Hand in Hand verschwanden wir zwischen den Bäumen. Es waren außer einigen Hunden mit ihren Besitzern und eine Familie mit Kindern niemand zu sehen.
„Herrlich hier", sagte ich. „Findest du nicht auch? Ich mag den Wald und die Gerüche hier. Im Herbst ist es noch viel schöner, wenn es nach verwelktem Laub und nach Pilzen riecht."
„Ich dachte, du kommst kaum allein fort?"
„Papa ist Pilzsammler und hat mich früher, als ich ein kleines Mädchen war, oft mit hierher genommen. Dann haben wir nebenbei auch noch Brombeeren gesammelt und Mama hat Marmelade davon gekocht. Ja, ich bin auch traurig, dass ich so gut wie nie allein fort kann. Außer in die Schule. Manchmal gehe ich auf dem Heimweg noch in die Bücherei und vergesse die Zeit. Dann gibt es meist Ärger, weil ich zu spät heimkomme."

„Ich gehe Büchereien am liebsten aus dem Weg. Bei mir wirst du keine Literatur finden", erklärte mir Felix, was ich sehr bedauerte, denn Bücher gehörten meiner Meinung nach einfach in einen Haushalt.
„Erzähl mir mehr von dir. Ich weiß noch so wenig und möchte dich besser kennenlernen."
Er blieb abrupt stehen, drehte sich zu mir und gab mir einen Kuss auf die Wange. Dann gingen wir weiter.
„Was willst du denn wissen?"
„Alles", antwortete ich. „Hattest du schon Freundinnen?"
„Ja, da gab es schon die eine oder andere. Was noch?"
„Welche Hobbys hast du und was willst du nach dem Abi machen?"
„Ich mag Fußball, mein Auto, Segeln und mache Fitness. Was ich nach dem Abi mache, weiß ich noch nicht. Mein Vater will, dass ich zu ihm ins Autohaus komme, meine Mutter meinte, dass ich studieren soll."
„Dass dein Vater ein Autohaus hat, wusste ich nicht."
„Autohaus Pochert & Holler. Es gehört nicht ihm allein, er hat einen Partner. Ich mag zwar Autos, aber dort arbeiten kann ich mir im Augenblick noch nicht vorstellen, es sei denn als Probefahrer." Er lachte. „Ich genieße erst einmal das Leben, wenn die Prüfungen vorbei sind." Felix zog mich an sich. „Ich finde es extrem schade, dass dich deine Eltern so gängeln. Ich möchte dich doch so gerne mitnehmen auf einen Segeltörn oder wie wäre es mit tanzen? Kannst du nicht mir zuliebe mal etwas Verrücktes tun?"
„Damit meinst du, meine Eltern belügen? Lara hat mir auch schon vorgeschlagen, dass ich sagen soll, ich sei bei ihr zu einer Party eingeladen und könnte dort übernachten."
„Deine Freundin ist nicht so zimperlich …"

„Zimperlich nennst du mich, nur weil ich nicht schwindeln will?", beschwerte ich mich empört.
„Sorry, war jetzt nicht so gemeint. Du weißt ja gar nicht, was du alles versäumst. Wenn du wenigstens erst um neun daheim sein müsstest, wäre ja noch okay, aber 20:00 Uhr? Das zu verstehen, lässt mein Verstand nicht zu."
Felix blieb erneut stehen, drehte mich zu sich herum und nahm mein Gesicht zwischen seine Hände. Er küsste mich auf die Stirn und meinte: „Wenn du mich nur ein kleines bisschen lieb hast, dann müsstest du doch auch wollen, dass wir uns häufiger sehen."
Ich machte mich von seinem Griff los. „Ich lasse mich nicht erpressen. Wenn dir etwas an mir liegt, dann akzeptierst du meine Einstellung."
„Jetzt erpresst du mich. Aber habe ich eine andere Wahl, als zu akzeptieren? Komm, lass uns umdrehen, ich habs nicht so mit Wandern in der Natur."
Hatte ich etwas Falsches gesagt? Mir wurde plötzlich ganz flau im Magen. Was, wenn er sich nie wieder bei mir meldete? Ich hatte große Angst, ihn zu verlieren.
Wir legten den Weg zum Parkplatz stillschweigend zurück. Während wir stadteinwärts fuhren, wagte ich nicht, ihn von der Seite anzuschauen.
„Soll ich dich am Brückenweg absetzen?"
Ich schaute zur Uhr. Es war noch über eine halbe Stunde Zeit, aber es sah so aus, als wollte er mich loswerden. Mein Herz pochte heftig, aber nicht vor Aufregung, sondern vor Angst. Hatte er etwa genug von mir?
„Ja, setz mich dort ab", antwortete ich und meine Stimme krächzte dabei. Unsere Freundschaft hatte noch nicht

richtig begonnen und war schon vorbei, befürchtete ich und fühlte mich hundeelend.
An der Haltestelle stieg ich aus. „Wenn ich mein Handy habe, ruf ich dich an, ja?" Ich wartete auf seine Antwort. „Mach das, aber lass dich nicht von Mama erwischen!" Dann brauste er davon.
Sein letzter Satz verfolgte mich den Rest des Tages.
Beim Abendessen brachte ich keinen Bissen runter und diesmal aß ich auch Mama zuliebe nichts. Ich verzog mich auch früh auf mein Zimmer. Selbst das Smartphone, das ich dort vorfand, war mir an diesem Abend egal. Ich legte mir eine CD ein, ließ mich auf meinem Bett nieder und starrte zur Decke. Meine Gedanken eilten zu Felix. Nein, sie waren dort schon seit dem Mittag und ließen mich nicht mehr aus ihren Klauen. Dass Verliebtsein so weh tun konnte, hätte ich nie gedacht. Ich konnte kaum schlafen in dieser Nacht, und so bekam ich mit, dass Mama in mein Zimmer kam und das Handy holte.
Am nächsten Morgen ging es mir noch schlimmer. Mama weckte mich zwar, aber ich lehnte ab, schon aufzustehen. „Sind doch Ferien, Mama. Lass mich noch etwas schlafen."
Aber Mama, die dienstags nicht zum Dienst musste, war hartnäckig. „Ich will heute die Betten frisch beziehen und Fenster müssen geputzt werden. Also los, wir haben einiges zu tun. Am Nachmittag bin ich im Gemeindezentrum."
Also stand ich auf, zog mein Bett ab und ging unter die Dusche. Mama saß schon am Frühstückstisch, als ich ins Esszimmer kam.
„Nun beeil dich", rief sie, „wir wollen doch fertig werden. Ich mache uns für heute Mittag einen Linseneintopf, ausnahmsweise aus der Dose, ist dir das recht?"

Mir war im Moment alles egal. „Ich trinke nur einen Kakao, essen möchte ich nicht", sagte ich und rührte mir Kaba in die kalte Milch.

„Sind das neue Methoden? Oder willst du etwa abnehmen?", fragte Mama.

„Ich habe heute Morgen einfach keinen Hunger. Ich esse dann etwas mehr vom Eintopf."

„Ach, mach doch was du willst", rief Mama und schmierte sich Marmelade aufs Brot. „Dann kannst du ja schon mal die Betten im Schlafzimmer abziehen und alles in die Waschküche bringen."

Ich trank meine Tasse in einem Zug leer und verdrückte mich. Später rief unverhofft Angelina an. Ich war gerade in der Nähe des Telefons und hob selbst ab. Sie fragte, ob ich Lust hätte, mit ihr zum Minigolfplatz zu gehen. Ich hätte schon gewollt, aber meine Mutter gönnte mir nicht das kleinste Vergnügen.

„Du weißt, dass wir noch einiges zu tun haben, außerdem möchte ich, dass du heute mit zum Gemeindezentrum kommst. Eine der Seniorinnen wird 90 und sie soll ein kleines Fest bekommen. Es wäre mir lieb, wenn du mir dabei zur Hand gingst."

Na super!

Auch in der nächsten Nacht schlief ich kaum und musste immerfort an Felix denken. Hatte er mich womöglich schon vergessen und sich mit einem anderen Mädchen getröstet? Es tat weh, daran nur zu denken. Es musste was geschehen, denn so konnte es nicht weitergehen.

Am nächsten Morgen, ich aß erneut kaum etwas zum Frühstück, bat ich Mama um mein Handy. Sie gab es mir, betonte jedoch, dass sie es wieder kassiert, bevor sie gegen 13:00 Uhr zur Klinik fuhr. Von meinem Zimmer aus rief ich Lara an und fragte, ob sie am Nachmittag kommen könnte. Sie konnte und ich freute mich auf sie.

„Cool, welchem Umstand haben wir es zu verdanken, dass du dich plötzlich outen willst?", rief sie, nachdem ich mich ihr anvertraut hatte. „Du hast also vor, am Donnerstag zu meiner angeblichen Party zu kommen?" Lara lachte. „Du machst das wegen Felix, stimmts?"
Natürlich nur wegen ihm!
„Ich möchte ihn doch nicht verlieren..." Wohl war mir bei diesem Vorhaben nicht, aber es musste sein und ich hoffte, dass alles gut gehen würde.

∞

Böse Überraschung

Ich wunderte mich schon ein bisschen, dass meine Eltern – Papa war an diesem Mittwochabend schon zeitig heimgekommen – nichts gegen den Besuch auf Laras "Party" hatten und auch nicht, dass ich dann bei ihr übernachten durfte. Natürlich hatte ich damit gerechnet, dass zumindest Mama allerhand Gründe einfielen, um mich zu Hause zu halten. Wir saßen noch im Wohnzimmer, als sie das Telefon holte und sich wieder zu uns setzte. Sie schien eine Nummer aus dem Telefonbuch zu suchen. Und da dämmerte es mir: Dass sie allerdings Frau Kunzmann, Laras Mutter, anrufen könnte, hätte mir eigentlich einleuchten müssen. Jetzt war alles aus, schoss es mir in den Kopf und ich machte mich auf eine gehörige Strafpredigt gefasst.

„Ich möchte mich nur vergewissern", hörte ich Mama nach einem kurzen „Guten Abend, Frau Kunzmann" sagen, „dass es Ihnen auch recht ist, wenn Juliane morgen bei Lara übernachtet." Was am anderen Ende gesagt wurde, konnte ich nicht hören. Mein Herz jedoch klopfte immer heftiger.
„Und Sie können mir versichern, dass es keinen Alkohol gibt? Es sind ja noch halbe Kinder." Ich horchte auf. Hatte ich richtig gehört? Wusste Laras Mutter von unserem Vorhaben und spielte mit? Sie sagte noch irgendetwas am anderen Ende, was ich abermals nicht hörte.
„Dann noch einen schönen Abend", wünschte Mama und legte auf. Später erfuhr ich, dass Lara am Apparat war und sich als ihre Mutter ausgegeben hatte. Und Mama war darauf reingefallen.
„Dass du mir dort ja keinen Alkohol trinkst. Frau Kunzmann hat mir zwar versichert, dass es keinen gibt, aber man weiß ja nie, was der eine oder andere Gast heimlich mitbringt. Am liebsten würde ich dich gar nicht erst gehenlassen."
Ich versprach, keinen Alkohol zu trinken.
Einerseits freute ich mich wie ein Schneekönig, dass ich Felix bald wieder sah, aber auf der anderen Seite drückte mich das schlechte Gewissen. Was, wenn mein Schwindel aufflog? Am besten, ich malte mir die Folgen gar nicht erst aus.

Gegen 18:00 Uhr am Donnerstag verabschiedete ich mich von meiner Mutter, ließ noch ein paar Benimm-Regeln über mich ergehen und fuhr mit dem Bus zur Hauptstraße. Von dort aus waren es nur noch fünf Minuten bis zu Lara. Sie wartete schon.
„Supi, dass du nicht in letzter Minute gekniffen hast."

Ich folgte ihr aufs Zimmer, nachdem ich ihre Mutter und den Stiefvater begrüßt hatte. „Ich wäre schon viel früher gekommen, aber du weißt ja, dass Mama donnerstags immer ihr Kaffeekränzchen hat und ich später helfen muss."

Lara lachte. „Meine Mutter verlangt selten, dass ich ihr was helfe. Hast du eigentlich noch was zum Wechseln dabei? In deiner Jeans und dem Shirt wirkst du etwas brav."

„Klar", sagte ich. Ich hatte mir vorsorglich die pinkfarbene Caprihose und eines der weißen Tops mitgenommen, die ich mir im Urlaub gekauft hatte.

„Sieht echt gut aus, aber auch noch ein bisschen zu brav", meinte Lara, die eine enge Jeans trug und eine karierte Bluse, die sie unterhalb ihrer Brust zu einem Knoten gebunden hatte, sodass ihr Bauch zu sehen war. Die langen blonden Haare trug sie heute offen und sie hatte sich geschminkt. Lara war sehr schön, das gab ich neidlos zu. Dagegen kam ich mir wie eine graue Maus vor. Felix musste blind sein, dass er sich ausgerechnet für mich und nicht für Lara interessierte.

Als wir kurz nach halb acht am Güterbahnhof ankamen, war es dort schon gerammelt voll. Hoffentlich war niemand hier, der mich kannte.

Roman empfing uns. „Super, dass du mitgekommen bist", sagte er zu mir, nachdem er Lara geküsst hatte. „Kommt rein, Mädels, es ist schon ordentlich was los."

Wir folgten ihm durch die Menge zu einem der noch freien Tische. Ich hatte zuerst etwas Mühe mit der ungewohnten Beleuchtung, doch nach wenigen Minuten ging es.

„Was darf ich euch zu trinken bringen?"

„Mir wie immer", antwortete Lara und zu mir gewandt: „Ich trinke am liebsten Cola mit einem kleinen Schuss Rum.

Alkohol darf zwar erst ab achtzehn ausgeschenkt werden, aber das kontrolliert hier kaum jemand."
„Mir bitte nur eine Cola."
„Waaas? Probier's doch auch mal mit Rum oder einem Schuss Cognac. Das macht Laune."
„Nein, ich bleibe bei Cola", entgegnete ich hartnäckig.
„Dann lass sie doch", meinte Roman. „Also bis gleich."
„Kannst ja von mir probieren, vielleicht schmeckt es dir ja."
Lara schien mit Alkohol anscheinend kein Problem zu haben, aber ich wollte damit gar nicht erst anfangen. Zumindest jetzt noch nicht.
Roman kam zurück und hatte Felix im Schlepptau.
„Hallo, Süße, wie finde ich das?" Er beugte sich zu mir und gab mir einen raschen Kuss. „Super, dass du dich entschlossen hast, mal etwas Unanständiges zu tun", flüsterte er mir ins Ohr. „Ich hoffe, du tanzt auch mal mit mir."
„Musst du nicht Musik machen?", wollte ich wissen.
„Ich mache für gewöhnlich mal 'ne Pause und lass die Musik laufen. Bis später."
Schon war er verschwunden und ließ mich mit Herzklopfen zurück. Lara und Roman gingen tanzen und ich beobachtete die beiden. Meine Freundin schien sehr verliebt zu sein, denn sie ließ ihren Freund nicht aus den Augen, selbst als sie wieder am Tisch saßen. Im Gegensatz zu mir wurde Lara oft von anderen Jungs zum Tanz geholt und es kam mir so vor, als ob sie es in vollen Zügen genoss. Roman schien nichts dagegen zu haben und betrachtete stattdessen die beiden Mädchen am Nebentisch, wie ich feststellte.
Er stand auf. „Du entschuldigst mich", wandte er sich an mich und forderte kurz darauf eines der Mädchen auf.
Dann kam Felix. „Na, hast du keine Lust zum Tanzen?"

Ich schüttelte den Kopf.
„Ich verstehe, du hast nur auf mich gewartet, stimmts?" Er nahm meine Hand und zog mich auf die Tanzfläche. „Ich habe extra ein paar langsame Schlager aufgelegt", flüsterte er mir ins Ohr, nachdem er mich etwas näher an sich heranzog.
Ich fühlte mich wie im siebten Himmel. Drei Tänze später musste er jedoch wieder vor zu seiner Anlage.
„Wir tanzen später nochmal", versprach er und wir bahnten uns einen Weg durch die Menge.
Wir waren noch nicht ganz am Tisch, als ich schon Laras Stimme hörte: „Glaubst du, ich habe nicht gesehen, wie du die Tussi angegafft hast?"
„Ich werde mir doch noch andere Mädchen angucken dürfen. Du flirtest ja auch ständig mit Jungs und ich mach keine Szene", kam Romans Stimme gleich hinterher.
„Und warum nicht? Weil dir gar nichts an mir liegt. Und ich habe gedacht, du liebst mich."
„Was ist denn mit euch los?", rief Felix, als wir am Tisch waren. „Wenn ihr zwei euch streiten wollt, dann bitte draußen, ja!"
„Ist ja schon gut." Roman stand auf und verschwand in der Menge.
„Bis später", flüsterte mir Felix zu und ging zu seiner Anlage.
„Was war denn?", fragte ich.
„Nix!"
„Ihr habt euch gestritten, das war nicht zu überhören."
„Das tun Leute ja manchmal. Wir hatten doch auch schon Streit."

ihr noch volles Glas – ich weiß nicht, das wievielte – auf einen Zug leer und meinte: „Roman hat mich schon einmal betrogen und mir geschworen, dass er es nie wieder tut."
„Und deshalb flirtest du mit anderen Jungs?"
Lara sah mich ganz eigenartig an. „Das ist ja wohl meine Sache."
Sie stand auf und ich sah sie kurz darauf tanzen, aber nicht mit Roman, der wieder am Tisch erschien.
„Tut mir leid, wenn ihr den Streit mit angehört habt. Aber Lara beruhigt sich auch schnell wieder."
„Warum hast du sie betrogen?" Das war mir einfach so rausgerutscht und ich hätte mich dafür ohrfeigen können.
Roman schien darüber nicht einmal verärgert zu sein. „Sie übertreibt. Ich habe eine andere geküsst, das ist alles. Ich war schon oft nahe dran, mit Lara Schluss zu machen. Sie ist mega eifersüchtig, ein Kontrollfreak, ruft ständig an und will wissen, was ich gerade mache oder wie ich den Tag verbringe. Ich möchte ab und zu auch mal für mich sein oder mit meinen Freunden etwas um die Häuser ziehen. Dann gibt's Momente, da ist sie total süß und ich kann ihr dann nicht mehr böse sein."
Ich verstand Roman sowas von gut. Ich musste an meine Einladung bei Angelina denken und wie sauer – oder eifersüchtig – Lara da reagierte, als sie es erfuhr.
Lara kam zum Tisch und war wie ausgewechselt. Sie schlang von hinten die Arme um Romans Hals. „Ich möchte jetzt nur noch mit dir tanzen", flüsterte sie so, dass ich es hören konnte.
Als beide verschwanden, schaute ich auf meine Uhr. Es war schon 21:30 Uhr und ich hatte ein schlechtes Gewissen, weil

ich meine Eltern angeschwindelt hatte. Und das alles, um endlich einmal etwas zu erleben, einmal in die Disco zu gehen. Dabei fand ich es hier nicht einmal so mega cool, wie Lara es mal erwähnte. Aber ich hatte es ja nur wegen Felix getan. Es war die einzige Möglichkeit, um in seiner Nähe zu sein. Auch wenn es nur in seinen Pausen war.

„Worüber denkst du nach?" Felix stand plötzlich neben mir.

„Über den Abend", antwortete ich und hatte wieder Schmetterlinge im Bauch.

„Dann lass uns tanzen. Meine Ablösung ist schon früher gekommen. Ich habe jetzt nur Zeit für dich."

Mit weichen Knien folgte ich ihm zur Tanzfläche.

Felix war ein guter Tänzer und er brachte es fertig, dass es mir leicht fiel, sich seinem Schritt anzupassen, so, wie neulich auf Angelinas Geburtstagsfeier. Wir tanzten nach schnellem Rhythmus und nach langsamen, die mir am besten gefielen. Ich dachte nicht mehr an meine Eltern, nicht mehr an Lara, es zählten nur noch Felix und ich. Bis er während eines Tanzes mit seiner Hand unter mein Top fuhr und meinen Rücken streichelte. Ich zuckte bei dieser Berührung zusammen und schob ihn etwas zu heftig zurück.

„Was ist?", fragte er.

„Ich ... ich muss mal aufs Klo."

Es war wie eine Flucht vor etwas Unbekanntem. Ich wartete solange auf der Toilette, bis ich mich wieder beruhigt hatte. Lara und Roman saßen am Tisch, als ich zurückkam.

„Was war denn los? Felix kam kurz her und verabschiedete sich recht schnell."

Wurde ich etwa rot, weil mir mit einem Mal so heiß im Gesicht war? „Er ist sicher sauer, weil ich nicht wollte, dass er unter mein Top fasste." War ich bescheuert, weil ich das in

Romans Anwesenheit erzählte? Am liebsten wäre ich in diesem Augenblick im Erdboden verschwunden.
Lara lachte und Roman meinte: „Da ist doch nun wirklich nichts Unanständiges dabei."
„Für Juliane schon", entgegnete meine Freundin. „Sie ist halt noch immer ein Mauerblümchen."
Ich fand ihre Bemerkung sehr hässlich und schluckte eine Bemerkung meinerseits runter. „Wann gehen wir?"
Lara sah zu ihrer Uhr, doch bevor sie etwas erwiderte, schlug Roman vor, uns heimzubringen. „Für mich wird es auch Zeit. Ich gehe dann mal bezahlen, lasst euer Geld stecken."
Das war mein erster Discoabend.

„Und, wie hat es dir gefallen?", wollte Lara wissen, als wir im Bett lagen.
„Willst du meine ehrliche Meinung wissen?"
„Klar."
„Diese Art von Freizeitgestaltung ist nicht so mein Ding, auch wenn ich gemerkt habe, dass mir Tanzen Freude macht. Zu viele Menschen und es ist ziemlich laut."
„Anders, als in deiner Bücherei. Das wiederum finde ich öd und langweilig. Ich brauche Action und junge Leute um mich herum."
„Hoffentlich ist Felix nicht gar zu böse auf mich", begann ich und die Angst, ihn zu verlieren, lag schwer auf meiner Brust.
„Ach, der beruhigt sich sicher wieder. Lass dir von mir einen Tipp geben: Du musst mehr aus dir rausgehen. Nur Händchen halten und Küsschen geben bringt bei den Jungs auf Dauer nichts. Sie wollen mehr."

Ich war zwar zurückhaltend und schüchtern, aber nicht hinterm Mond zu Hause. „Du meinst Sex? Ich bin zwar schon fünfzehn, habe aber damit noch keine Erfahrung gemacht. Außerdem ist Felix mein erster Freund. Da muss man sich doch Zeit lassen und nicht gleich Sex haben."
„Aber auf die Dauer geht das nicht. Wenn du immer so prüde bist, sucht er sich bald eine andere."
„Hast du denn schon mit Roman Sex gehabt?"
„Klar, ich habe mir auch schon die Pille verschreiben lassen. Aber jetzt lass uns schlafen, gute Nacht."
„Nacht", erwiderte ich. Schlafen konnte ich allerdings nicht gleich, weil ich immerzu an Felix denken musste und daran, dass er ohne ein Abschiedswort die Disco verlassen hatte. Ohne Gruß und ohne Kuss. Ob ich ihn jemals wiedersah?

Nach dem Frühstück am nächsten Morgen rief ich Mama an und fragte, ob ich noch bei Lara bleiben durfte.
„Mir wäre es recht, wenn du heimkommst und mir bei der Hausarbeit hilfst. Außerdem warst du jetzt lange genug bei deiner Freundin."
„Ach Mama, ich kann die Arbeit doch auch heute Nachmittag oder morgen früh machen."
Lara nahm mir den Hörer ab: „Hallo, Frau Klein, bitte, erlauben Sie Juliane doch, noch bei mir zu bleiben. Wir wollen noch etwas chillen, weil es gestern doch etwas spät geworden ist."
Was meine Mutter erwiderte, konnte ich nicht hören nur Laras Antwort: „Nein, es gab wirklich kein Alkohol." Nach ein paar Sekunden legte sie auf. „Du kannst noch bleiben, aber am Nachmittag sollst du zu Hause sein. Sie schreibt dir auf, was zu machen ist. Sag mal, wie alt bist du? Deine

Mutter kommandiert dich ganz schön rum. So war sie doch früher nicht."
Das wusste ich selbst und kam mir echt schon wie ein Dienstbote vor. Dabei hatten wir doch Montag und Dienstag erst geputzt und so schmutzig war es bei uns doch gar nicht. Aber Mama war eine Perfektionistin, sie hasste Schmutz und Staub.
„Früher war sie anders, stimmt. Da hat sie mich auch immer in den Arm genommen, mir Geschichten vorgelesen und wir haben viel gelacht. Aber seit ich älter geworden bin, hat sie sich so sehr verändert." Dass ich glaubte, nicht mehr von ihr geliebt zu werden, verschwieg ich.
„Und nun rufst du Felix an", erklärte mir Lara, als wir uns wieder auf ihr Zimmer verdrückt hatten.
Mein Herz klopfte wie verrückt, als ich das Freizeichen seines Handys hörte. Ich wollte schon enttäuscht aufgeben, weil er nicht ran ging, doch da meldete er sich. „Hallo?"
„Ich bin's, Juliane."
Stille, dann: „Was gibt's?"
Mehr sagte er nicht und mir plumpste das Herz einen Stockwerk tiefer. Mit meinem ganzen Mut, den ich aufbringen konnte, fragte ich: „Bist du noch sauer wegen gestern Abend?"
„Ach, vergiss es. Ich muss mich bei dir entschuldigen. Ich war wohl ein bisschen zu aufdringlich."
Mir fiel ein Stein vom Herz. „Dann ist alles okay?"
„Ja. Von wo aus rufst du an?"
Ich sagte es ihm.
„Wenn du noch nicht heim musst, könnten wir die Zeit nutzen, uns zu treffen, oder?"

Klar wollte ich, was dachte er denn. Er schlug mir sogar vor, mich mit dem Wagen bei Lara abzuholen und später nach Hause zu bringen.

Als er kam, verabschiedete ich mich von Lara. Ich verließ die Wohnung und stieg zu ihm ins Auto. Wir begrüßten uns mit einem Kuss, bevor er los fuhr.

„Sorry, dass ich gestern einfach gegangen bin, ohne mich von dir zu verabschieden. Aber ich hatte plötzlich Angst, du könntest mich jetzt für einen Draufgänger halten."

„Ein bisschen schon", gestand ich. „Tut mir leid. Lass uns doch einfach Zeit, ja?" Ich sah ihn von der Seite an. Schade, dass ich seine Gedanken nicht erraten konnte.

„Gut, wie du willst, ich dränge dich zu nichts. Wohin möchtest du? Aber bitte nicht wieder in den Wald. Vielleicht hast du Lust auf einen Segeltörn? Unten am See können wir uns ein Boot mieten."

„Ja, aber ich habe meiner Mutter versprochen, nachmittags daheim zu sein."

„Klar, ich sorge schon dafür, dass du pünktlich zu Hause bist."

Felix war ein sehr guter Segler und ich hätte nie geglaubt, dass es mir so gut gefallen würde. Am liebsten hätte ich mit ihm den ganzen See umrundet. Und wie gut er aussah, so braungebrannt und nicht zu schlank, gerade richtig. Naja, schließlich ging er ja auch ins Fitness-Studio.

„Betrachtung beendet?", fragte er und schenkte mir ein Lächeln. „Komm, ich zeige dir, wie man segelt. Es ist gar nicht so schwer."

„Ja, wenn man es kann", frotzelte ich. „Aber ich traue mich nicht."

„Los, du bist doch kein Hasenfuß. Ich bleibe ja hinter dir und passe auf."
Niemand sollte mich feige nennen. Kurz darauf zeigte mir Felix wie man segelt, das heißt, er versuchte, es mir beizubringen. Aber irgendwie war das nicht so mein Ding. Ich hatte zwar den Moment genossen, als er so dicht hinter mir stand, aber ich schaute ihm viel lieber zu, wenn er das Segel führte.
„Morgen bin ich nicht in der Disco, ich habe Kinokarten für "Alles steht Kopf", komm doch bitte mit."
Mein Herz hüpfte vor Freude, weil er mich gefragt hatte, aber es gab ja das berühmte Problem mit der Zeit und dem Ausgang.
„Wie lange geht der Film?"
„Er fängt um 20:00 Uhr an. Ach so, da musst du ja zu Hause sein. Kannst du nicht noch einmal bei Lara übernachten?"
„Nein, ich bin froh, dass gestern alles gut gelaufen ist. Noch einmal mache ich so etwas nicht. Auch wenn ich so gerne mit dir gehen würde."
„Mir zuliebe versuch es noch einmal. Bitte!", flehte Felix.
Ich war nahe daran, weich zu werden. „Ich versuche es, aber ich kann es nicht versprechen."
„Danke, das wollte ich hören." Felix warf mir eine Kusshand zu.

Eine halbe Stunde später saßen wir im Wagen und fuhren in die Stadt zurück.
„Soll ich dich an der Ecke rauslassen?"
Ich überlegte und schlug dann doch die Haltestelle Brückenweg vor.

„Also ich warte auf deine Antwort", sagte er beim Abschied und gab mir einen Kuss auf die Wange.
„Ja, mache ich und danke für den schönen Tag. Tschau, Felix."
Kaum hatte ich die Tür zugeschlagen, da brauste er davon. Natürlich hatte Mama wieder einige Punkte aufgeschrieben, die ich zu machen hatte. Da ich schneller fertig war als ich dachte, ging ich noch in die Bücherstube. Die Zeit, in der Mama arbeitete, musste ich ausnutzen.
„Keine Lust mehr zu lesen?", begrüßte mich Tom und reichte mir das Buch.
„Doch, aber ich hatte in den letzten Tagen genug zu tun und da fehlte mir die Zeit zu lesen." Ich hatte heute keine große Lust, mich mit Tom zu unterhalten, obwohl ich das eigentlich gerne machte. Mit meinen Gedanken war ich sowieso noch immer bei Felix.
„Es war ja nicht vorwurfsvoll gemeint", hörte ich Tom sagen. „Ihr jungen Leute wollt ja etwas erleben, euch mit Freunden treffen oder ins Kino gehen. Wobei Kino heutzutage kaum mehr Beachtung findet. Im Zeitalter des Computers und Smartphones."
„Einige in meiner Schule gehen heute auch noch ins Kino", erklärte ich ihm und verzog mich in meine Leseecke.

Kurz vor 19:00 Uhr war ich wieder zu Hause. Papa saß schon im Wohnzimmer und las Zeitung.
„Hi, Paps", begrüßte ich ihn.
Er schaute von seiner Zeitung hoch. „Guten Abend, Juliane. Na, wie war eure Party gestern?"
„Gut", log ich und fühlte mich so richtig mies dabei. „Ich mach mir ein Brot, magst du auch eines?"

„Warum warten wir nicht auf Mama? Sie muss ja jeden Augenblick kommen."
„Okay, dann verschwinde ich bis dahin aufs Zimmer."
Keine zehn Minuten später hörte ich die Haustür zuschlagen und Mama furchtbar laut meinen Namen rufen.
Ich eilte zur Treppe. „Ja?"
„Komm sofort runter!", brüllte sie und ich ahnte nichts Gutes. Mit wackligen Knien ging ich Stufe für Stufe nach unten und kaum, dass ich dort ankam, spürte ich schon Mamas Hand auf meiner linken Wange.
„Wie konntest du uns nur so hintergehen?" Sie packte mich unsanft am Arm und zog mich ins Wohnzimmer.
„Was ist denn jetzt schon wieder los?", rief Papa und legte die Zeitung fort.
„Das frage mal deine missratene Tochter", konterte meine Mutter und ließ meinen Arm los. „Nun sag schon, wo genau du gestern Abend warst."
Ich spürte mein Herz heftig schlagen. Jetzt war alles aus, dachte ich. Mir wurde hundeelend und ich hatte das Gefühl, mich übergeben zu müssen.
„Na, wird's bald?", drängte Mama.
Ich musste also Farbe bekennen. „Ich war mit Lara in der Disco", antwortete ich mit belegter Stimme.
„Du hast uns also regelrecht belogen", sprach Mama weiter. „Ich habe heute Nachmittag zufällig Laras Mutter in der Klinik getroffen. Sie besuchte dort jemanden und wir unterhielten uns kurz. Dabei erfuhr ich, dass ihr in der Disco gewesen seid. Es gab also keine Party. Und ich habe auch am Mittwoch nicht mit Frau Kunzmann, sondern mit deiner sauberen Freundin gesprochen. Kannst du dir vorstellen, wie ich vor der Frau dastand?"

Ich schwieg.
„Antworte, wenn ich dich etwas frage!"
„Nein", krächzte ich, „ihr ... du hättest mir doch nie erlaubt, mal in die Disco zu gehen. Nicht einmal bis neun."
„Bestimmt nicht. Aber du wirst in den nächsten zwei Wochen Zeit genug haben, über deine Schandtat nachzudenken."
„Übertreibst du nicht ein bisschen?", mischte sich Papa ein.
„Schandtat ... Sie hat uns belogen, stimmt, das war nicht in Ordnung. Aber sie hat doch nichts Ungesetzliches oder gar Kriminelles getan."
„Sie hat uns angelogen, wer weiß, was als nächstes gekommen wäre, wenn ich es nicht erfahren hätte. Und ich will mir gar nicht erst vorstellen, was in der Disco abging."
Ich merkte, dass meine Mutter immer erregter wurde. „Dein Handy kassiere ich und du bekommst es erst wieder, wenn ich es für richtig halte."
Wenn man Luft in einen Reifen pumpt, und pumpt, und pumpt, und pumpt, bis er schließlich platzt, dann fliegt er dir oder das, was von ihm übrig geblieben ist, um die Ohren.
Und genauso ergeht es jemandem, der immer alles runterschluckt, bis kein Platz mehr da ist für noch mehr runtergeschlucktem.
Ich platzte! „Ihr seid doch selbst schuld, dass ich euch anlüge", rief ich aufgebracht. „Es war allerdings das erste Mal. Ich bin fünfzehn und muss um acht Uhr zu Hause sein. Meine Mitschüler machen sich schon darüber lustig, auch dass ich bis zu meiner Konfirmation noch kein Smartphone hatte. Ich habe nicht einmal einen eigenen PC und muss den alten viel zu langsamen von Klaus benutzen, eine Stunde am Tag. Mit Lara ins Kino darf ich nicht mal bis um 21:00 Uhr. Du, Mama, müllst mich täglich mit Hausarbeit zu, damit ich

beschäftigt bin und zu Hause bleiben muss. Du kommandierst mich wie ein Dienstmädchen herum und schnüffelst in meinem Zimmer." Ich redete mich immer mehr in Rage: „Ihr verbietet mir Fantasy-Bücher daheim, weil ihr sie nicht mögt. Dass ich deshalb bei Tom in der Bücherstube lesen darf, hat Papa mir doch auch nur erlaubt, weil es sonst ein schlechtes Licht auf die Familie werfen könnte. Wenn ich mit Lara mal ins Eiscafé will, dann nur, wenn ihr auf der Arbeit seid und es nicht mitbekommt. Aber euch ist das doch egal, wenn ich in der Schule oft wegen meinen altmodischen Eltern aufgezogen werde und außer Lara sich dort niemand für mich interessiert. Warum habt ihr mich nicht lieb?"
„Bist du jetzt fertig?", rief Mama aufgebracht. „Was fällt dir ein, so zu reden? Wir sind immerhin deine Eltern und für dich verantwortlich. Du verschwindest augenblicklich auf deinem Zimmer."
Ich wollte schon gehen, als Papa mich daran hinderte: „Warte!", rief er. „Juliane hat da einige Dinge angesprochen, die wir ausdiskutieren sollten."
„Was gibt es da zu diskutieren? Sie hat sich total daneben benommen, willst du ihr das durchgehen lassen?"
„Sie hat uns belogen, das lässt sich nicht mehr rückgängig machen. Auch hat sie sich gerade etwas im Ton vergriffen, doch das, was sie gesagt hat, entspricht wohl der Wahrheit."
„Was?", rief meine Mutter aufgebracht, ihr hübsches Gesicht verzerrte sich.
Doch bevor sie weiterreden konnte, bat uns mein Vater Platz zu nehmen.
„Maria, ich weiß, dass wir uns darauf geeinigt hatten, dass ich mich nur in die Erziehung unserer Kinder einmische,

wenn es erforderlich sein sollte. Heute ist allerdings wieder so ein Tag", begann er. „Ja, es stimmt durchaus, dass du Juliane ständig irgendwelche Pflichten aufbrummst. Ich erinnere dich an den Samstag, als du bestimmt hast, dass Juliane dir beim Seniorenkaffee helfen soll, obwohl du wusstest, dass sie bei Angelina zum Geburtstag eingeladen war."
„Ist das denn so schlimm, wenn ein Mädchen früh lernt, mitzuhelfen?", rief Mama dazwischen.
„Natürlich nicht, aber du übertreibst es dabei. Wenn heute gesaugt wird, muss man das am nächsten Tag nicht wieder tun. Und Staub gibt es auch nicht von einem zum anderen Tag. Ich habe dich immer darin unterstützt, dass du Juliane gewisse Grenzen setzt, zu denen die begrenzte Zeit am PC gehört oder wann sie abends daheim zu sein hat."
„Und jetzt tust du es nicht mehr?", fauchte Mama. „Ich möchte nicht, dass Juliane sich irgendwo herumtreibt und auf die schiefe Bahn gerät. Sie braucht Disziplin, das haben mir meine Eltern schon früh eingebläut und es ist was aus mir geworden."
Ja, dachte ich, eine Frau, die ich seit Jahren nur selten lachen sah und die mich nicht liebte.
„Aber es ist für Julianes Seelenheil sicher nicht von Vorteil, wenn sie in der Schule darunter leiden muss, weil wir ihr keine Freiheit lassen. Zum Beispiel haben wir ihr letzten Sommer nicht erlaubt, an der Klassenfahrt teilzunehmen."
„Ich habe früher auch nur selten an solchen Freizeitaktivitäten teilgenommen und habe es überlebt. Also was schlägst du nun vor?"
Papa räusperte sich und schaute zu mir her. „Was wünschst du dir?"
Ich starrte ihn an, als hätte ich seine Frage nicht verstanden.

„Ich darf mir wirklich etwas wünschen? Dann möchte ich über mein Handy verfügen und nicht nur eine Stunde am PC bekommen. Ich helfe dir ja gerne im Haushalt, Mama, aber nicht ständig. Ich möchte, dass du mich nicht mehr so einengst und herumkommandierst und nur noch in mein Zimmer kommst, wenn ich zu Hause bin und es auch möchte. Außerdem möchte ich abends auch mal mit Lara ins Kino gehen dürfen oder in die Disco, wenigstens bis 21:00 oder 22:00 Uhr." Dass Disco eher nicht so mein Ding war, sagte ich nicht.

Es war eine Weile mucksmäuschenstill im Wohnzimmer und ich schaute meine Eltern abwechselnd an. Mamas Gesichtsausdruck konnte ich nicht entnehmen, ob sie über meine Wünsche entsetzt oder wenigstens ein bisschen dafür offen war.

„Gut", begann sie. „Ich bin ja kein Unmensch. Dein Zimmer werde ich ab heute nur noch betreten, wenn du es wünschst. Handy okay, aber nicht in der Schule und ich möchte es ab und zu kontrollieren. Was den PC betrifft, bin ich auch bereit, dir entgegenzukommen. Ich will auch versuchen, dich nicht unnötig im Haushalt einzuspannen, aber abends länger als 20:00 Uhr für Kino oder Disco sage ich erst einmal noch nein. Für mich ist diese Diskussion beendet." Sie stand auf und verließ das Wohnzimmer. Ich starrte ihr nach, dann wandte ich mich Papa zu. „Danke, Paps, dass du dich für mich eingesetzt hast. Ich gehe dann mal hoch. Gute Nacht."

Papa wünschte mir ebenfalls eine gute Nacht. Ich war fast schon oben auf der Treppe, als ich seine Stimme hörte: „Wann willst du Juliane endlich die Wahrheit sagen?"

Wahrheit, hämmerte es in meinem Kopf. Welche denn? Ich eilte rasch in mein Zimmer. Gab es irgendein Geheimnis, von dem ich nichts wusste? War ich womöglich nicht das Kind meiner Eltern? Das würde erklären, warum Mama mich plötzlich nicht mehr lieben konnte.

∞

Falsche Freunde

Die halbe Nacht lag ich wach und grübelte. Hatte ich mit meinem gestrigen Ausbruch überhaupt etwas erreicht? Mama hatte zwar in einigen Punkten nachgegeben, aber ob sie sich auch daran hielt? Papas Haltung dagegen fand ich irgendwie cool, aber ob er sich noch einmal einmischen würde, falls Mama sich nicht an ihr Versprechen hielt?
Noch einmal, das wusste ich jetzt schon, würde ich nicht den Mut aufbringen, so aufzubrausen und alles aus mir raus zu lassen. Was mir jedoch am meisten Kopfzerbrechen verursachte, war die Tatsache, dass es ein Geheimnis geben musste. Den Mut, sie einfach danach zu fragen, hatte ich allerdings nicht.
Beim Frühstück am nächsten Morgen herrschte zuerst einmal eisige Stille. Erst als ich aufstand und erklärte, dass ich mich mit Lara treffen will, taute meine Mutter auf.
„Ich habe zwar gestern Abend um einiges nachgegeben, aber der Hausarrest bleibt, dass dir das klar ist. Nutze die Zeit, etwas für die Schule zu lernen."
„Du fängst ja schon wieder an", hörte ich Papa sagen. „Lass dem Kind die Ferien, nächste Woche geht der Ernst wieder früh genug los."

„Schon gut, Papa. Ich bin dann oben."
„Juliane!", rief Mama. „Dürfte ich dich bitten, mir heute Nachmittag beim Seniorentreff zu helfen?"
„Ich denke, ich habe Hausarrest. Aber okay, ich helfe gerne."
Was hätte ich auch sonst sagen sollen? So kam ich wenigstens raus, wenn es auch nur ins Gemeindezentrum war.
Meine Mutter hatte Wort gehalten und mir das Handy gelassen. So rief ich gleich am Abend Lara an und erzählte ihr, dass meine Mutter alles herausbekommen hatte.
„Ich weiß", antwortete Lara. „Mama hat mir erzählt, dass sie im Krankenhaus deine Mutter getroffen hat. Sie war nicht gerade erbaut davon – meine Mutter meine ich – dass ich dich zum Schwindeln verleitet habe. Und jetzt hast du meinetwegen so einen Stress."
Naja, eigentlich war es doch mehr wegen Felix, naja, ein kleinwenig auch wegen Lara. „Kannst du morgen kommen?"
„Ne, ich bin morgen den ganzen Tag mit Roman unterwegs. Wir wollen nach Konstanz zum Volksfest und am Nachmittag sind wir mit Freunden von ihm unterwegs."
Ob Felix da auch mit von der Partie war? Ich traute mich jedoch nicht, Lara danach zu fragen. „Schade", erwiderte ich nur und wünschte ihr für morgen viel Spaß.
Mein nächster Anruf galt Felix. Ich war schrecklich aufgeregt und konnte kaum erwarten, seine Stimme zu hören. Nachdem er sich gemeldet hatte, erzählte ich auch ihm, dass ich aufgeflogen war und natürlich von meinem Ausraster und der anschließenden Diskussion.
„Das tut mir wirklich leid, Süße. Hast du jetzt großen Ärger?"

Ich erzählte ihm von dem Hausarrest, was ihn zum Lachen brachte.
„Was? Du bekommst echt noch Hausarrest? Im 21. Jahrhundert? Das lässt du dir so einfach gefallen?"
„Was soll ich denn dagegen tun? Abhauen, damit alles noch schlimmer wird? Aber ich habe zumindest mal erreicht, dass mir meine Mutter das Handy lässt, außer in der Schule, aber da muss ich es auch nicht unbedingt mitnehmen."
„Und wie ist es mit Ausgang?"
Ich seufzte. „Da lässt Mama nicht mit sich reden."
„Gibt es denn keine Möglichkeit, dass wir uns in den nächsten Tagen treffen?"
Ich sah keine, denn ich musste ab Montag gleich nach der Schule zu Hause erscheinen und Felix steckte ja noch in den Abiturprüfungen.
„Wir können doch telefonieren", schlug ich vor. „Aber ich rufe dich an."
„Ja klar, das machen wir", hörte ich ihn am anderen Ende sagen.
Es hörte sich allerdings nicht gerade erfreut an. Oder bildete ich mir das nur ein?
„Ich muss jetzt Schluss machen, Süße, das Kino ruft."
Ach ja, hatte ich völlig verdrängt, dass er Karten hatte. Wie gerne wäre ich mitgegangen. „Ich wünsch dir viel Spaß. Hab dich lieb!"
„Danke, dann bis bald."
Dann war die Verbindung unterbrochen. Natürlich löschte ich sofort seine Nummer wieder aus dem Verlauf, damit Mama sie nicht sah, falls sie unerwartet kontrollierte.

Am nächsten Morgen gingen meine Eltern wie immer zur Kirche und ich war froh, dass sie mich nicht überredeten, mitzukommen. Kaum waren sie weg, da rief Klaus an. Es war das erste Mal, seit er in Amerika war.

„Bei euch ist doch noch Nacht", stellte ich fest, „es ist doch hoffentlich nichts passiert?"

„Keine Panik, Schwesterlein. Ich konnte einfach nicht mehr schlafen. Sorry, dass ich dir nicht zu deiner Konfirmation gratuliert habe."

„Macht doch nichts. Wie geht es dir?"

„Gut, gibst du mir mal Papa?" Das musste ich ablehnen, da er ja in der Kirche war. „Herrjeh, das habe ich glatt vergessen. Erzähl doch mal, was du so treibst? Was macht die Schule?"

„Frage lieber nicht. Ich geb mir ja große Mühe, aber den Eltern kann ich es nicht gut genug machen. Kannst du dich noch an Felix vom Goethe-Gymnasium erinnern?"

„Felix Holler, meinst du den?"

„Ja, den habe ich neulich kennengelernt."

„Aber davon wissen unsere Herrschaften sicher nichts, hab ich recht?"

Ich lachte. „Ne, und sie müssen es auch noch nicht erfahren."

„Noch nicht? Da läuft doch hoffentlich nichts zwischen euch? Oder darfst du inzwischen abends länger fort?"

„Ach nein. Warum fragst du?"

„Ich sag nur, nimm dich vor dem in Acht, er hat früher schon, als ich noch zur Schule ging, allen Mädchen den Kopf verdreht. Der müsste jetzt so achtzehn sein."

„Er macht gerade sein Abi."

„Du weißt ja gut Bescheid über ihn, Schwesterchen. Pass bloß auf dich auf. Ich muss dann Schluss machen. Grüße unsere Eltern und ich rufe irgendwann später noch einmal an."
„Mach ich. Aber du sagst ihnen bitte nichts von Felix?"
„Versprochen. Bis bald."
Als ich aufgelegt hatte, bedauerte ich, Klaus nichts von meinem Krach mit den Eltern erzählt zu haben. Ob er wohl etwas von einem Geheimnis wusste?

Was mir Klaus über Felix erzählt hatte, ging mir nicht aus dem Kopf. Wem außer mir mochte er wohl heute auch noch den Kopf verdrehen? War ich im Moment die Einzige oder gab es da noch jemanden, mit dem er sich traf, vielleicht gestern sogar im Kino war, weil ich nicht durfte? Nun benahm ich mich doch tatsächlich wie eine Eifersüchtige. Dass Felix den Mädchen die Köpfe verdreht hatte, konnte ich ihm doch nicht verübeln. Ich sollte Vertrauen zu ihm haben, doch stattdessen lag die Angst, ihn zu verlieren schwer auf meiner Brust. Um mich abzulenken, rief ich Angelina an und fragte, ob sie am Nachmittag Lust hätte, vorbeizukommen. Sie hatte und ich freute mich wirklich sehr darüber. Weil das Wetter so schön war, holte uns Papa die Tischtennisplatte aus dem Schuppen und wir spielten eine ganze Weile. Später tranken wir Kaffee und dann gingen wir zu mir aufs Zimmer. Ich musste Angelina unbedingt über Felix ausfragen und hoffte, dass sie meine innere Unruhe vielleicht stillen konnte.
„Du hast doch was auf dem Herzen", kam sie mir zuvor.

„Sieht man mir das an? Du kennst doch Felix ein bisschen; stimmt es, dass er den Mädchen nachstellt oder ihnen nachgestellt hat?" Ich erzählte ihr, was Klaus mir gesagt hatte.
„So gut kenne ich ihn auch wieder nicht. Wie gesagt, er ist ein Klassenkamerad meines Bruders und seine Schwester geht in meine Klasse. Was für ein Zufall, gell? Aber ich kann Leon ja mal für dich aushorchen. Oder so ganz nebenbei Felix´ Schwester."
„Prima, danke!"
„Ist das zwischen euch was Festes?"
„Er hat mich geküsst, dann muss es eigentlich was Festes sein." Ich seufzte. „Es ist blöd, dass mir meine Eltern kaum Freiheit lassen, sonst könnte ich mich mit ihm doch öfter treffen."
„Sie wissen nichts von ihm, stimmts?"
„Meine Eltern, vor allem Mama würde ausflippen, wenn sie wüsste, dass ich in einen Jungen verliebt bin, der schon Auto fährt."
„Und wenn sie ihn mal kennenlernen?"
„Besser nicht. Aber lass uns von was anderem reden."
So quatschten wir noch ein ganze Weile, während leise die Musik im Hintergrund spielte.

Natürlich war nach den Pfingstferien alles so, wie es schon davor gewesen war. Lara sah ich während der Pausen nur in Begleitung anderer Mädchen oder auch mal von Jungs umringt und hatte für mich keine Zeit. In der Klasse hatte sich demzufolge auch nichts verändert.
„Und, hast du heute dein Smartphone dabei?", fragte Kai und grinste mich an. Als ich verneinte, fing er an zu lachen. „Dachte ich mir, darfst es also nicht mitbringen."

Mir fiel ein, dass er auch nicht gerade ein Musterschüler war.
„Ich bin ja hier um zu lernen, WhatsApp schreiben kann ich auch daheim."
„Das sagt die Richtige", brüllte Kai los. „Du bist auch keine Leuchte. Aber vielleicht liegen deine Stärken ganz woanders."
„Wie meinst du das?", fragte ich.
„Das weißt du ganz genau. Aber ich sag's gerne laut vor der Klasse. Donnerstagabend, Disco im alten Güterbahnhof. Du hast mich und meinen Bruder nicht gesehen, ich aber dich, wie du mit diesem Affen von Discjockey eng getanzt hast."
„Was?", rief Niklas, der neben Kai saß. „Die ach so zurückhaltende Jule beim Tanzen, ist ganz was Neues, wo du doch abends um acht Uhr daheim sein musst. Und wer war der Glückliche?"
„Ihr seid alle doof", rief Nora dazwischen. „Lasst Jule doch in Ruhe, es ist doch ihre Privatangelegenheit, was sie außerhalb der Schule macht. Wir wollen ja auch nicht wissen, mit wem ihr euch herumtreibt."
„Sei doch still, Dickerchen!" Kai kam an unseren Tisch und baute sich vor uns auf. „Ich kenne den Typen, der geht aufs Goethe, wie mein Cousin Erik, und der kann dir Geschichten erzählen. Ich frag mich nur, was er an dir findet, du bist nämlich nicht gerade seine Kragenweite."
Ich schluckte und ließ mir nicht anmerken, dass mich der letzte Satz von Kai sehr verletzt hatte.
„Weißt du was, Kai", erwiderte Nora, die aufgeschlossener war und nicht wie ich alles in sich rein fraß, „halt einfach deinen Mund und setz dich auf deinen Platz."

„Genau das wollte ich eben auch vorschlagen." Niemand schien bemerkt zu haben, dass unser Mathelehrer Herr Koltheiß hereingekommen war.

Ich war froh, als die Stunde vorbei war.
„Mach dir nichts aus dem, was Angeber Kai von sich gibt", versuchte Nora mich zu trösten, als wir zusammen in die Pause gingen.
Ich hatte ganz andere Sorgen, als mir um Kai Gedanken zu machen. Jetzt war das passiert, was ich vermeiden wollte – nämlich in der Disco von Mitschülern gesehen zu werden. Klar, der alte Güterbahnhof war ja ein Jugendtreff und an drei Tagen in der Woche fand dort Disco statt. Ich konnte somit meinen Mitschülern nicht verbieten dort hinzugehen. Aber dass mich ausgerechnet Kai sehen musste, der kein gutes Haar an mir in der Schule ließ, gefiel mir überhaupt nicht.
„Nett von dir, mich zu trösten", erwiderte ich.
Nora meinte es gut, aber sie hatte keine Ahnung, wie sehr mich Kais Aussage über Felix getroffen und teils auch verunsichert hatte. Oder wollte mich mein unliebsamer Mitschüler nur wieder ärgern?
Ich musste unbedingt mit Lara sprechen, doch ich sah sie an diesem Tag in der Schule nicht mehr.
Nora und ich fuhren ein Stück gemeinsam mit dem Bus und bevor sie eine Haltestelle vor mir ausstieg, fragte sie: „Hättest du nicht Lust, mich mal zu besuchen? Oder wir könnten mal zusammen Eis essen gehen."
„Mal sehen", antwortete ich, verschwieg ihr jedoch, dass ich momentan Hausarrest hatte.

Da meine Mutter in der Klinik war und auch nicht kontrollieren konnte, ob ich zu Hause war, ging ich zu Tom in die Bücherstube lesen. Ich konnte mich aber kaum konzentrieren, weil mir Kais dummes Geschwätz nicht aus dem Kopf ging. Nach zehn Minuten gab ich es auf, klappte Harry Potter zu und gab ihn ab.
„Das war aber ein kurzer Besuch", meinte Tom. „Du wirkst so bedrückt, ist bei euch daheim alles in Ordnung?"
Ich konnte ihm ja nicht erzählen, was mich so bedrückte und so schüttelte ich nur mit dem Kopf. „Zu Hause ist alles okay, vielleicht brüte ich auch eine Erkältung aus. Tschau, Tom, und auf bald, versprochen."
„Schon gut, auf Wiedersehen."
Ich hatte gerade die Haustür aufgeschlossen, als das Telefon läutete. Ich ging ran und meldete mich.
„Ich wollte nur mal sehen, ob du dich an deinen Hausarrest hältst", klang mir eine wohlbekannte Stimme im Ohr.
Typisch Mama. Gut, dass ich nicht länger in der Bücherei geblieben war.
„Ja, ich bin daheim und mache auch gleich meine Hausaufgaben."
„Vergiss nicht, was zu essen. Im Gefrierschrank ist noch Kartoffelauflauf, mach ihn dir in der Micro warm, hörst du? Und bring bitte den Müll raus. Ich habe heute Morgen die Spülmaschine laufen lassen, die könntest du ausräumen."
„Ja, Mama. Bis heute Nachmittag." Ich legte auf. War ja klar, dass sie wieder Aufgaben für mich hatte. Nachdem ich alles getan hatte, außer den Auflauf zu erwärmen, weil ich überhaupt keinen Hunger hatte, ging ich in mein Zimmer.
Mein Handy lag noch so auf meinem Schreibtisch, wie ich es heute Morgen hingelegt hatte. Ich hätte jetzt so gerne

Felix angerufen, doch er war ja mitten in den Prüfungen. So musste ich mich bis zum späten Nachmittag oder gar Abend gedulden.
Also ran an die Hausaufgaben.

Während meine Eltern den Abend wie immer vor dem Fernsehapparat verbrachten, rief ich von meinem Zimmer aus Felix an. Wir hatten seit Samstag nicht mehr miteinander gesprochen.
„Hallo", meldete er sich und mein Herz hüpfte vor Freude.
„Ich bin´s. Wie war dein Tag?"
Eine kleine Pause, dann antwortete er: „Recht gut. Ich bin froh, wenn alles hinter mir liegt."
„Das glaub ich dir. Und wie war es im Kino?"
„Wie soll es in einem Kino sein? Schade, dass du nicht mitkommen wolltest."
„Von nicht wollen ist doch keine Rede, du weißt doch, dass meine Eltern es nicht erlauben. Ich vermisse dich."
„Ich dich doch auch, Kleines", erwiderte er nach kurzem Zögern. „Nur schade, dass du Hausarrest hast. Für mich ist das seelische Grausamkeit. Sorry, dass ich das sage, aber für mich ist es so. Nun musst du mich entschuldigen, ich will, nein, ich muss noch ein bisschen lernen, morgen kommt wieder eine schwere Prüfung. Schlaf gut und träum von mir."
Noch bevor ich etwas erwidern konnte, hatte er schon aufgelegt. Ich fühlte mich nach diesem Gespräch kein bisschen besser.
Am nächsten Morgen suchte ich Lara noch vor der ersten Stunde. Diesmal stand sie allein da und tippte etwas in ihr Smartphone.

„Hi, Lara, ich müsste mal mit dir reden, wann können wir uns treffen?"
Sie schaute von ihrem Handy auf. „Du hast doch Hausarrest, wie sollen wir uns dann treffen?"
„Du könntest mich heute Abend doch kurz besuchen. Dagegen hat Mama bestimmt nichts einzuwenden. Es wäre mir schon wichtig."
„Schau, Juliane, ich komme heute mal wieder erst um halb vier aus der Schule, dann muss ich zu Hause Aufgaben machen, da ist auch meine Mutter sehr dahinter her. Und irgendwie brauche ich dann auch mal Zeit, um was für mich zu tun. Ich sag dir Bescheid, wann ich Zeit habe für dich."
Zwei Mädchen, die schon öfter in Laras Begleitung anzutreffen waren, erschienen. Ich schätzte mal, es handelte sich da um Freundinnen. So zog ich mich wie üblich zurück. Es musste ohnehin bald zur ersten Stunde läuten. Ich hätte mich ja mit Laras Erklärung abgefunden, wenn ich nicht noch etwas von ihrer Unterhaltung mit den beiden Mädchen mitbekommen hätte: „Und wann sehen wir uns heute Abend?"
Dann die Stimme meiner Freundin: „So um 19:00 Uhr, ich beeile mich mit meinen Hausaufgaben."
Ich eilte davon, um nicht noch mehr hören zu müssen. Warum log Lara mich an? Konnte sie nicht einfach sagen, dass sie schon etwas vor hatte? Ich wollte mich einfach nicht damit abfinden, dass ich für sie nicht mehr so wichtig war. So nahm ich mir vor, ihr für heute aus dem Weg zu gehen.
In der großen Pause traf ich Angelina. Sie war auch allein und so unterhielten wir uns ganz angeregt.
„Hast du schon etwas über Felix erfahren?"

„Nein, noch nicht. Ich habe zwar meinen Bruder gefragt, ob er viel Kontakt mit ihm hat, aber er verneinte. Felix sei ja eine Stufe über ihm und so richtig befreundet seien sie ja nicht. Sorry, dass ich dir in diesem Punkt nichts sagen kann."

„Schade – und die Schwester von Felix?"

„Die ist momentan krankgeschrieben. Oh, schau mal, wer da auf uns zukommt."

Ich hatte Lara auch schon kommen gesehen.

„Hi, Juliane, kann ich dich mal sprechen?"

„Du siehst doch, dass wir uns gerade unterhalten", hörte ich Angelina sagen, noch bevor ich etwas erwidern konnte.

„Und habe ich dich gefragt?", rief Lara schnippisch.

„Nein, aber ich habe dir trotzdem geantwortet. Jetzt siehst du mal, wie es ist, wenn man einfach stehengelassen wird."

„Schon gut, was gibt's?", fragte ich und schaute Lara an, doch sie drehte sich um und ging davon.

„Jetzt ist sie beleidigt und du sauer, weil ich mich eingemischt habe. Aber du hättest dich wieder einwickeln lassen, nachdem sie dich schon so oft einfach hat stehenlassen, wenn sie in Gesellschaft ihrer Freundinnen ist. Du bist doch auch eine. Jetzt weiß sie wenigstens, wie es ist, wenn sie mal nicht im Mittelpunkt steht."

„Ich weiß, du hast es ja gut gemeint, ich bin nicht sauer."

„Ich glaube, du kannst einfach niemals böse auf jemanden sein. Das ist ja dein Problem und macht dich verletzbar."

Angelina hatte schon recht. Die einzige, auf die ich sauer oder gar böse war, war ich selbst. Egal, wie kühl Lara sich oft mir gegenüber verhielt, reagierte ich im Innern mit Traurigkeit und Enttäuschung, aber ich war nicht sauer auf sie. Auch neulich, bei unserem Streit, weil ich es versäumt hatte,

Lara zu erzählen, dass ich auf Angelinas Geburtstag eingeladen war, gab ich mir allein die Schuld.
Und wie verhielt es sich bei meinen Eltern? Ich liebte sie, obwohl Mama so kühl und oft unfreundlich und kommandierend zu mir war.
„Lara beruhigt sich sicher bald wieder", tröstete mich Angelina. „Möchtest du, dass ich dich heute Abend besuche?"
„Sei mir bitte nicht böse, aber ich möchte heute Abend lieber allein sein. Ein anderes Mal gerne."
„Kein Problem. Aber wenn du Kummer hast, dann kannst du immer auf mich zählen."
Ich nickte und wir trennten uns.

Am nächsten Tag ging Lara mir aus dem Weg und sie rief mich auch nicht an. Als ich es am Abend nicht mehr aushielt, wählte ich ihre Handynummer. Sie drückte mich weg. Daraufhin schrieb ich ihr eine Nachricht: *Lara, bitte melde dich. Deine Juliane.* Dahinter setzte ich einen Kuss Smiley. Es kam auch eine WhatsApp zurück: *Du hast ja Angelina.* Mehr nicht. Kein Gruß, kein Smiley.
Ich war verzweifelt.

Ich übergab mich die ganze Nacht, obwohl ich nicht einmal so viel gegessen hatte. Am nächsten Tag fühlte ich mich so gerädert, dass ich nicht aufstehen konnte, auch dann nicht, als meine Mutter mit dem Arzt drohte.
„Schreib mir für heute eine Entschuldigung", bat ich sie und drehte mich zur Seite. Ich konnte einfach nicht aufstehen. Schließlich gab Mama nach. „Gut, aber nur ausnahmsweise."

Mama kochte mir Tee, aber essen konnte ich nichts. Da sie am Nachmittag arbeiten ging, hatte ich wenigstens für ein paar Stunden meine Ruhe. Abends schaute Papa kurz herein und wollte wissen, was denn mit mir los war.
„Keine Ahnung", sagte ich. „Vielleicht habe ich doch etwas nicht vertragen."
Ich konnte und wollte auch nicht mit ihm über meinen Kummer sprechen. Er würde mich vielleicht besser verstehen als Mama, aber mit meinem Kummer musste ich allein fertig werden.

Am nächsten Tag fühlte ich mich etwas besser. In der Klasse nervte mich zum Glück heute niemand, selbst die Stänker Kai und Niklas hielten sich zurück.
„Was war denn gestern mit dir?", wollte Nora in der Pause wissen.
„Ich muss mir den Magen verdorben haben. Hat mich jemand vermisst?" Dabei dachte ich natürlich an Lara.
„Nö, also ich wüsste nicht."

In der großen Pause hielt ich dann doch nach meiner Freundin Ausschau. Wie gewohnt war sie in Begleitung und winkte mir lediglich nur zu und rief: „Ich rufe dich heute Abend an."
Natürlich ging es mir gleich wieder viel besser. Sie schien nicht allzu sauer auf mich zu sein.
Da heute Nachmittag wieder Mamas Kaffeekränzchen stattfand, gab es zum Mittagessen lediglich Brot und Wurst. Ich brachte kaum was runter.
„Geht es dir immer noch nicht gut?", fragte Mama, während sie in der Küche verschwand.

„Doch schon, aber Hunger habe ich trotzdem wenig."
Im nächsten Augenblick war Mama wieder wie eh und je: „Wenn du das Geschirr in die Maschine geräumt hast, dann kannst du den Tisch für meine Freundinnen und mich decken. Aber vergiss die Servietten nicht."
Während ich dies freudlos tat, beobachtete ich aus den Augenwinkeln, wie Mama in der angrenzenden Küche Blumen in eine Vase ordnete.
Papas Worte fielen mir wieder ein: „Wann willst du es ihr endlich sagen?" Am liebsten hätte ich laut gerufen: „Sag mir endlich die Wahrheit. Bin ich euer Kind oder nicht?" Aber ich tat, was ich meistens tat, nämlich schweigen und runterschlucken. „Ich bin oben und mache Hausaufgaben", sagte ich stattdessen und ging, nachdem ich den Tisch gedeckt hatte.

Es war schon nach 18:00 Uhr, als Lara endlich anrief. „Ich wollte fragen, wie es dir geht. Gestern warst du nicht in der Schule und heute habe ich dich nur ganz kurz gesehen", begann sie. „Viel Zeit habe ich allerdings nicht, du weißt doch, heute ist wieder Disco-Time. Soll ich Felix von dir grüßen?"
Warum musste Lara in einer offenen Wunde stochern? Sie wusste doch sicher, dass es mich traurig machte, weil ich nicht dabei sein durfte.
„Ja, grüße ihn von mir. Holt Roman dich ab?"
„Ach der, ich bin im Moment nicht gut auf den zu sprechen."
„So, habt ihr Krach? Wegen einer anderen?"
„Wir reden ein andermal davon. Ich muss jetzt los. Tschau, Juliane."

Wieder hatte sie aufgelegt, bevor ich mich ebenfalls verabschieden konnte.
Mama klopfte – seit neuestem – an die Tür. „Papa ist jetzt da, wir können dann essen."
„Ich habe keinen Hunger."
Doch Mama blieb hartnäckig, sodass ich halt nach unten ins Esszimmer ging.
„Eine Kleinigkeit wird gegessen", empfing sie mich. „Du hast heute Mittag schon kaum etwas angerührt."
„Mit dir stimmt doch was nicht", meinte Papa. „Du kommst mir in den letzten Tagen schon so merkwürdig vor. So traurig, würde ich sagen. Gibt es Probleme in der Schule? Ist deine Versetzung am Ende doch gefährdet?"
War mir irgendwie klar, dass Papa gleich an die Schule dachte … Dass ich vielleicht andere Sorgen haben könnte, auf die Idee kam er leider nicht.
„Es ist nichts. Vielleicht bekomme ich ja eine Erkältung."
„Dann würdest du niesen und husten. Also, was ist los mit dir?", fragte er weiter hartnäckig.
Ich konnte meinen Eltern, falls sie es waren, doch nicht von Felix erzählen, dass ich zum ersten Mal in meinem Leben verliebt war und Angst hatte, er könnte nicht ehrlich zu mir sein.
„Es ist wirklich nichts, Paps. Darf es mir nicht auch mal weniger gut gehen?"
„Natürlich, aber man darf sich doch als Vater Sorgen machen."
Meine Mutter hatte während der ganzen Unterhaltung nichts gesagt. Was verschwieg sie vor mir?
„Darf ich aufstehen? Ich muss noch für die Schule lernen."

„Natürlich", erwiderte meine Mutter. „Nimm dir etwas vom Abendbrot mit, du hast ja nichts angerührt."
Ich tat ihr den Gefallen und wünschte beiden schon mal eine gute Nacht. Ich holte mir noch eine Flasche Wasser aus der Küche und verschwand.
Später schrieb ich Lara noch eine WhatsApp: *Wie war der Abend? Hat Felix etwas gesagt? Gruß J.*
Dahinter setzte ich einen Herz-Smiley. Dann löschte ich die Nachricht, falls Mama kontrollierte.

Am nächsten Tag noch vor der ersten Stunde suchte ich Lara. Wie immer stand sie bei einigen mir mittlerweile bekannten Mädchen. Als ich näher kam, ging sie plötzlich mit den anderen davon. Hatte sie mich nicht gesehen oder wollte sie nicht? Auch in den folgenden Pausen hatte ich kein Glück. Dafür traf ich kurz vor Schulschluss Angelina.
„Ich habe gehört, dass es dir die Tage nicht so gut ging", begrüßte sie mich.
„Ne, ging es mir auch nicht. Hast du Lara gesehen? Ich glaube, sie geht mir aus dem Weg. Warum, weiß ich allerdings nicht."
„Nein, du weißt, dass Lara und ich uns nicht besonders verstehen. Vielleicht hat sie dich auch nur nicht gesehen. Hättest du heute Nachmittag mal Zeit? Dann könnte ich bei dir vorbeikommen. Du hast noch Hausarrest, oder?"
„Ja, ich würde mich freuen."
„Dann sagen wir so ab fünf?"
Ich war einverstanden.
Natürlich wäre es mit lieber gewesen, ich hätte Lara mal angetroffen. So musste ich ihr später von zu Hause aus eine

WhatsApp schicken. *Hi, Lara, melde dich doch mal. Wie war es gestern und was hat Felix gesagt?*
Letzteres lag mir sehr am Herzen. Ich vermisste ihn so. Und solange ich Hausarrest hatte, konnte ich ihn auch nicht treffen.
Da ich die Nachricht wieder löschte, sah ich auch nicht, ob Lara sie überhaupt las. Sie meldete sich einfach nicht und das bedrückte mich natürlich sehr. So rief ich kurz bevor Angelina kam Felix auf dem Handy an.
Er nahm zu meiner Freude gleich ab: „Hi, Juliane. Du rufst gerade im ungünstigen Moment an. Ich bin unterwegs und muss dringend etwas erledigen."
„Ich vermisse dich so", sagte ich. „Noch eine lange Woche Hausarrest, aber dann müssen wir uns wiedersehen."
„Natürlich, wir werden schon eine Möglichkeit finden, uns wiederzusehen, aber jetzt muss ich Schluss machen."
„Gut, ich darf dich doch am Wochenende anrufen?"
„Ja sicher. Jetzt muss ich aber. Tschau, bis bald."
Dann war die Verbindung unterbrochen.
Wohler fühlte ich mich nach diesem Gespräch auch nicht. Im Gegenteil, ich hatte das Gefühl, dass er absichtlich das Gespräch so kurz hielt.

Angelina kam und ich dachte schon, dass sie mich etwas ablenken konnte, doch sie hatte einige Neuigkeiten über Felix für mich. Ich hatte sie ja darum gebeten.
„Du wolltest ja was über ihn wissen", begann sie. „Mein Bruder hat mir gestern einiges erzählt, allerdings weiß er das nicht von Felix selbst, sondern von anderen Mitschülern. Ich weiß wirklich nicht, ob ich es dir sagen soll, aber andererseits solltest du es wissen."

„Was denn, spann mich nicht auf die Folter."
„Felix soll vor seinen Klassenkameraden mit seiner neuen Eroberung geprahlt haben, die ziemlich hinterm Mond zu Hause sei und alles glaubte, was er sagte. Sie hätte echt spießige Eltern und müsste abends um 20:00 Uhr daheim sein. Momentan hätte sie sogar Hausarrest."
„Ist ... ist das wahr?", stammelte ich.
„Ja, das will mein Bruder jedenfalls so gehört haben. Und das war noch nicht alles."
„So rede doch schon", forderte ich Angelina auf. Dabei pochte mein Herz unheimlich schnell.
„Felix soll außerdem damit angeben, dass er noch andere Mädchen rumgekriegt hatte."
Was er damit meinte, war mir klar. So hinterm Mond war ich nun doch nicht zu Hause. Mit seiner "Eroberung" konnte er ja nur mich gemeint haben. Aber wer waren die anderen Mädchen, die er rumgekriegt hatte? Nach Angelinas Aussage fühlte ich mich so richtig mies. Natürlich griff ich nach einem rettenden Strohhalm: „Vielleicht hat dein Bruder nicht alles so verstanden. Du hast ja gesagt, dass er es von anderen gehört hat."
„Juliane, mach dir doch nichts vor. Es ging um Felix, mein Bruder hat doch seinen Namen gehört."
Trotzdem weigerte sich mein Verstand, das zu glauben. Mein Herz und Bauchgefühl konnte sich doch nicht so in ihm getäuscht haben.
„Macht es dir was aus, wenn ich jetzt lieber allein sein will?", fragte ich.
„Nein, natürlich nicht. Aber meinst du, es ist so eine gute Idee, wenn du jetzt allein bist?"
„Schon. Ich melde mich bei dir, versprochen."

Angelina verabschiedete sich und ich gab mich meinem Seelenschmerz hin.

Papa kam an diesem Freitagabend kurz vor acht Uhr heim und ging gleich zum Fernsehapparat, Nachrichten schauen. Mama kam etwas später vom Dienst. Ich hatte ihr in die Küche einen Zettel hingelegt, worauf ich schrieb, dass ich heute nicht mehr nach unten kam.
Trotzdem klopfte sie: „Juliane, was ist? Hast du etwas gegessen?"
„Ja, Mama", log ich. „Ich möchte heute nicht mehr gestört werden."
„Ist dir wieder nicht gut?"
„Doch, ich möchte einfach nur meine Ruhe." Warum verstand sie das nicht?
„Gut, aber wenn etwas ist, dann rufst du, ja?"
Machte sie sich tatsächlich Sorgen um mich?
Ich hörte, wie sie die Treppe hinunterging und legte mich auf mein Bett. Ich würde jetzt gerne mit Lara reden, doch sie war bestimmt wieder in der Disco, genau wie Felix.

Am nächsten Morgen erschien ich wie immer beim Frühstück. Papa las Zeitung und Mama besprach mit mir, was heute zu tun sei. Sie hatte wieder einige Aufgaben für mich, gegen die ich heute nichts einzuwenden hatte, weil es mich von meinem Kummer ablenkte. Ich war allerdings froh, dass ich an diesem Nachmittag nicht mit ins Gemeindezentrum musste.
Ich nutzte die Zeit, um Lara anzurufen. Sie ging auch gleich an ihr Handy. „Hi, Juliane, ich habe nur kurz Zeit, weil ich gleich fort will."

„Wo gehst du denn hin?", wollte ich wissen.
„Ich treff mich mit einigen aus meiner Klasse", antwortete sie etwas verzögert. „Du hast ja noch Hausarrest. Ich ruf dich morgen an, ist das okay?"
„Du kannst auch vorbeikommen", bat ich. „Wir können im Garten Tischtennis spielen oder Federball."
„Mal sehen, ich sag dir Bescheid."
„Gut, dann bis später." Diesmal war ich es, die einfach das Gespräch beendete.
Als nächstes rief ich Felix an, doch sein Handy war ausgeschaltet. Ich versuchte es an diesem Nachmittag noch einige Male, aber immer mit dem gleichen Ergebnis. So schrieb ich ihm eine WhatsApp: *Lieber Felix, melde dich doch kurz bei mir. Ich vermisse dich. Bussi J.* Ich setzte noch einen Herz-Smiley an und löschte die Nachricht diesmal nicht. Mama kam ohnehin nicht vor 20:00 Uhr aus dem Gemeindezentrum zurück, und ich hoffte, dass Felix bis dahin meine WhatsApp auch gelesen hatte.
Aber er tat mir den Gefallen nicht, denn als ich später nachschaute, hatte er die Nachricht noch immer nicht gesehen. Zum Glück wollte meine Mutter heute nicht kontrollieren. Sie machte einen recht müden Eindruck, als wir verspätet noch Abendbrot aßen.
„Was hast du heute Nachmittag gemacht?", fragte sie, und schaute mich dabei an.
„Musik gehört, ein bisschen gemalt und gelesen." Neben Harry Potter in Toms Bücherstube las ich noch in einem anderen Buch. Von meinen Telefonaten und den WhatsApps erzählte ich natürlich nichts.
„Ich verziehe mich auch gleich wieder und lese weiter."

Natürlich wollte ich nicht lesen. Nur warten, ob Felix sich endlich meldete. Klar, heute spielte er wieder den Diskjockey, aber vielleicht schaute er in der Pause ja auch mal auf sein Handy.

„Allmählich mache ich mir doch Sorgen", meinte Papa, als ich den Raum verlassen wollte. „Du bist in den letzten Tagen noch stiller geworden, als sonst. Hängt es mit dem Hausarrest zusammen?"

Papa hatte mir unbewusst einen Wink gegeben, den ich sofort auffing. „Ja, das bedrückt mich schon."

„Du weißt ja auch, wofür du ihn bekommen hast", meldete sich Mama.

„Weiß ich. Es war nicht recht von mir, euch zu hintergehen, aber du hättest mir ja auch eine andere Bestrafung geben können. Einen Monat kein Taschengeld zum Beispiel."

„Ich bin dafür, Juliane die eine Woche Hausarrest zu erlassen", sagte mein Vater. „Außerdem sollten wir ihr in Zukunft etwas mehr Freiheit lassen. Sie ist immerhin fünfzehn."

„Du kennst meine Einstellung, Carsten. Gut, den Hausarrest will ich aufheben, aber alles andere bleibt wie es ist."

„Warum hasst du mich so, Mama?", rief ich mit Tränen in den Augen, stürmte aus dem Esszimmer und hinauf in meinen Bereich. Kurze Zeit später stand Mama in der Tür. „Was sollte dieser Ausbruch eben?"

„Ich will jetzt allein sein", bat ich und ließ mich auf mein Bett fallen.

Von unten hörte ich Papas Stimme: „Maria, lass Juliane jetzt in Ruhe. Du machst sonst alles noch schlimmer. Und rede endlich mit ihr."

Da war es wieder, dieses Geheimnis.

Als Mama gegangen war, schaute ich auf mein Handy. Felix hatte die Nachricht gesehen, aber nicht geantwortet. Sicher würde er es morgen tun und so löschte ich sie vorsichtshalber und auch den Telefonverlauf.

Der Sonntag begann mit Regen und das Frühstück verlief recht frostig. Vielleicht lag es daran, dass ich wieder einmal abgelehnt hatte, mit in die Kirche zu gehen, was Papa akzeptierte, meine Mutter jedoch nicht. Sie bestand darauf, dass ich mitgehe. Ich glaube, ich war die einzige in meiner Klasse, die gezwungen wurde, mit ihren Eltern in die Kirche zu gehen.
Ich beobachtete meine Mutter von der Seite und fragte: „Bleibt es wenigstens dabei, dass mein Hausarrest aufgehoben ist?"
„Ja, bedanke dich bei deinem Vater."
„Darf ich mich heute mit Lara treffen, wenn sie Zeit hat?"
Welches fünfzehnjährige Mädchen musste eigentlich um Erlaubnis bitten, sich mit einer Freundin treffen zu dürfen, schoss es mir in den Sinn.
Klar, das war ich.
„Von mir aus gerne", antwortete Papa und ich warf ihm einen dankbaren Blick zu. Dann schaute ich zu meiner Mutter. Sie blickte mich kurz an und meinte: „Meinetwegen, aber erst nach dem Mittagessen. Ich wollte dich nämlich bitten, mir beim Kochen zu helfen, wenn wir aus der Kirche zurück sind.
„Danke, Mama. Natürlich helfe ich dir."

Nach dem Mittagessen rief ich zuerst Felix an, aber er ging nicht ans Handy. Dann versuchte ich es bei Lara, aber auch sie hatte ihr Smartphone nicht an und so probierte ich es bei ihr zu Hause. Frau Kunzmann nahm ab und ich erfuhr, dass Lara mit Freunden unterwegs sei. Dass sie allerdings ihr Handy aus hatte, wunderte mich schon sehr. Das war eigentlich nicht Laras Art. Sie musste immer erreichbar sein. Sollte ich Angelina anrufen, nur weil es meine beste Freundin vorzog, sich mit anderen Freunden zu treffen? Dabei hatten wir doch gestern ausgemacht, dass sie mir Bescheid gab, ob wir uns heute sehen können oder nicht. Mir war plötzlich die ganze Lust auf Gesellschaft vergangen. Angelina war andererseits auch kein Lückenbüßer, dafür war sie viel zu nett, also blieb ich auf meiner Bude und fragte mich zum wiederholten Male, warum Lara mich immer wieder aufs Nebengleis verfrachtete.

So verging der Sonntag, ohne dass ich weder von Felix noch von Lara etwas gehört hatte.
Wie schon so oft suchte ich auch am Montag noch vor der ersten Stunde nach meiner Freundin, konnte sie aber nirgends entdecken. Ob sie mir wohl absichtlich aus dem Weg ging? Dafür erwartete mich in der Klasse eine Überraschung. Kaum hatte ich mich auf meinen Platz gesetzt, als sich Kai vor mir aufbaute.
„Hi, Jule, ist das hier nicht der Affe, mit dem du neulich in der Disco so eng getanzt hast?"
Er hielt mir sein Smartphone vor die Nase. Ich wollte seine Hand schon wegschieben, als ich tatsächlich Felix erkannte. Trotz der Lichtverhältnisse im alten Güterbahnhof. Er hielt ein Mädchen im Arm, das ihren Kopf an seine Schultern gelegt hatte. Trotzdem konnte ich erkennen, wer es war. Lara!

„Hier ist noch eines", sagte Kai und zeigte mir Felix und meine beste Freundin, als sie sich küssten.
Mir wurde plötzlich so schlecht, dass ich aus dem Klassenzimmer stürmte und mich auf dem Klo übergab. Ich brachte es nicht über mich, zurück in meine Klasse zu gehen und blieb erst einmal auf der Toilette. Felix und Lara, hämmerte es in meinem Kopf. Wie lange ging das schon zwischen ihnen? Vielleicht sogar schon, als er mir noch schöne Worte zugeflüstert hatte? Deshalb hatte ich weder ihn noch sie am Wochenende erreichen können. Plötzlich liefen mir Tränen übers Gesicht und ich fühlte nichts als Traurigkeit in meinem Herzen.
„Jule? Bist du hier?" Es war Nora.
„Ja", schluchzte ich.
„Frau Hafermann schickt mich, dich zu suchen."
Ich kam aus der Kabine. „Bitte, entschuldige mich bei ihr, sage einfach, es sei mir so schlecht und dass ich nach Hause gehen möchte. Sei so gut und bringe mir nur meinen Rucksack raus."
„Ich kann nur raten: Der Junge auf dem Bild ist dein Freund und er hat eine andere, stimmts?"
Ich schluchzte noch mehr.
„Sorry, ich wollte nicht so indiskret sein."
„Schon gut." Ich zog mir ein Papiertaschentuch aus der Halterung neben dem Waschbecken und putzte mir die Nase. Mit einem weiteren wischte ich mir die Tränen aus dem Gesicht. „Ich kann unmöglich so in die Klasse, also holst du mir meinen Rucksack?"
Nora nickte und verschwand. Kurz darauf kehrte sie zurück.
„Ich habe Frau Hafermann gesagt, dass es dir ziemlich übel ist und sie meinte, dass ich dich nach Hause begleiten soll."

Ich widersprach mit keinem Wort, überredete Nora aber, mich ab meiner Haltestelle den Rest allein zurücklegen zu lassen. Sie konnte dann gleich den nächsten Bus zurück nehmen.

Während ich den Weg nach Hause ging, vorbei an Toms Bücherstube, gingen mir die Bilder, die mir Kai vors Gesicht gehalten hatte, nicht aus dem Kopf. Lara und Felix, wie sie so tanzten, wie er neulich mit mir getanzt hatte. Und beide, wie sie sich gerade küssten. Dabei hatte Lara mir neulich noch gesagt, dass Felix nicht ihr Typ sei.

Zu Hause war niemand und das war gut so. In meinem Zimmer warf ich mich aufs Bett und heulte so richtig los. Ich musste dann irgendwann eingeschlafen sein, wohl aus Erschöpfung.

Als ich wieder erwachte, war es drei Uhr am Nachmittag. Mama würde etwa in einer Stunde heimkommen. Ich hatte also noch etwas Zeit für mich. Abermals tauchten die Bilder von Lara und Felix vor meinem inneren Auge auf und ich konnte nur mit allergrößter Mühe verhindern, dass ich erneut in Tränen ausbrach. Um mich abzulenken, griff ich nach meinem Smartphone und schaltete es ein. Es waren keine Nachrichten vorhanden. Dann ging ich ins Bad und wusch mir gründlich das Gesicht, obwohl meine Augen nicht mehr vom Weinen rot waren.

Meinen Eltern erzählte ich später natürlich nichts und hoffte, dass mich kein naseweiser Nachbar gesehen und ihnen gesteckt hatte, dass ich sehr früh von der Schule heimgekommen war. Mit der Ausrede, ich sei noch nicht mit meinen Hausaufgaben fertig, blieb ich im Zimmer. Als mein Handy klingelte, dachte ich zuerst an Lara, doch es war Angelina.

„Das ist ja ein starkes Stück, was sich deine Freundin geleistet hat", empörte sie sich. „Ich weiß Bescheid, denn die Bilder von ihr und Felix machen schon die Runde. Nora hat mir erzählt, dass Kai sie dir gleich vor die Nase gehalten hat. Weiß der etwa von euch?"

„Er und sein älterer Bruder waren zufällig auch an dem Tag in der Disco, als ich mit Lara dort war. Er hat uns gesehen."

„Weißt du was, ich komme gleich zu dir", rief Angelina und legte auf.

Zehn Minuten später war sie da.

„Ich habe das Fahrrad genommen, das ging schneller, als erst lange auf den Bus zu warten. Deine Mutter meinte, dass du bei den Hausaufgaben bist. Ich habe ihr gesagt, dass ich dir bei einer Matheaufgabe helfe." Sie setzte sich zu mir aufs Bett. „Armes Mädchen. Als Nora mir das erzählt hat, hätte ich Kai am liebsten eine runtergehauen."

„Das hätte an dem, was passiert ist, auch nichts geändert", hauchte ich. „Jetzt bin ich das Gespött der Schule."

„Ach was, die meisten wissen doch gar nichts von dir und diesem Felix vom Goethe-Gymnasium."

„Kai wird schon dafür sorgen, dass es alle erfahren. Er mag mich nicht, genauso wie Niklas und noch ein paar andere aus meiner Klasse. Sicher waren Kai und sein Bruder am Wochenende wieder im alten Güterbahnhof, wo sie die Bilder gemacht haben."

„Du musst Lara zur Rede stellen", schlug Angelina vor. „Und Felix auch. So etwas Fieses darfst du nicht durchgehen lassen."

„Ich habe Angst vor dem, was sie sagen."

„Aber du musst es tun. Rede mit Lara Klartext. Wenn du willst, bin ich an deiner Seite."

Natürlich hatte Angelina recht. Ich musste mit Lara reden, auch wenn es wohl das letzte Mal sein würde. Aber nicht während der Schulpausen. Ich würde sie anrufen und um ein Treffen bitten.
Nachdem Angelina gegangen war, fühlte ich mich kein bisschen besser. Die Überwindung, am nächsten Tag in die Schule zu gehen, war groß, aber ich schaffte es. Ich nahm mir vor, erst als es zur Stunde klingelte, ins Klassenzimmer zu gehen, um Kai und seinen Freunden erst gar keine Möglichkeit zu geben, mich zu ärgern. Das gelang mir ganz gut, aber ich fühlte mich während des Unterrichts von ihnen beobachtet. So brachte ich diesen Vormittag ganz gut über die Runden, bis ich nach meiner letzten Stunde Lara und eine von ihren Freundinnen begegnete. Unsere Blicke trafen sich und ich rief: „Wir müssen reden!"
„Und wir gehen in die Kantine." Das war alles, was sie sagte. Doch diesmal ließ ich mich nicht abwimmeln und ging näher zu ihr hin. „Was läuft da zwischen dir und Felix?"
„Hat er etwas gesagt oder hast du auch die Bilder gesehen? Na, dann weißt du doch Bescheid."
„Er ist doch aber mein Freund!"
„Er war es mal kurz, aber mit dir ist ja nichts los. Du kannst ja nicht mal mit in die Disco oder ins Kino. Was soll er mit jemandem, der um acht abends daheim sein muss?"
„Hat er das gesagt?", stammelte ich.
„So in etwa."
„Aber du bist doch meine Freundin."
„Ich habe mich eben auch in Felix verliebt, andererseits ist es doch seine Entscheidung, wen von uns er am liebsten hat. So etwas muss doch eine Freundschaft aushalten, oder?"

„Lass sie doch", meldete sich das andere Mädchen. „Komm jetzt, sonst sind alle Tische wieder besetzt und ich will mich mit dir allein an einen setzen."
In diesem Moment zerbrach etwas in mir.

∞

Kurzschluss

Wie eine Schlafwandlerin machte ich mich auf den Heimweg. Zuerst wäre ich beinahe von einem Auto erwischt worden, als ich noch bei Rot über die Ampel lief.
„Wohl lebensmüde!", rief von irgendwoher jemand.
Doch ich ging einfach weiter und stieß beinahe mit einem Fahrrad zusammen. Dann stand mir auch noch ein Verkehrsschild im Weg.
„Am hellen Tage schon besoffen und das in dem Alter", rief eine Frauenstimme hinter mir her.
Dann stand ich endlich an der Bushaltestelle und wäre beinahe in den verkehrten Bus gestiegen.
Ich war froh, als ich zu Hause war.
Mama wartete mit dem Essen auf mich.
„Du kannst gleich ins Esszimmer kommen", rief sie. „Ich habe es heute etwas eilig, weil ich zuerst noch kurz ins Seniorenheim gehe und danach ins Gemeindezentrum."
Ach, wie egal mir das war. Es gab Lasagne, was ich sonst mit Heißhunger aß, aber heute stocherte ich nur im Teller herum.
„Wieder keinen Appetit? Es ist doch dein Lieblingsessen. Allmählich mache ich mir Sorgen um dich."

Das war mal ganz was Neues, dachte ich. „Du musst dir keine Sorgen machen", beschwichtigte ich sie. „Vielleicht esse ich heute Abend davon. Ich kann mir das Essen ja aufwärmen und mit Papa teilen, wenn er von der Arbeit kommt."
„Gut, ich habe die Zeit jetzt nicht für Diskussionen. Kannst du das Geschirr noch in die Maschine räumen und Staubsaugen, bevor du deine Aufgaben machst?" Mama schaute auf die Uhr. „Oh, schon so spät? Ich geh dann mal. Bis heute Abend und versprich mir, dass du dann etwas isst."
Ohne abzuräumen und zu saugen ging ich in mein Zimmer. Ich nahm mein Handy und wählte Felix´ Nummer. Zu spät fiel mir ein, dass er ja noch in der Schule war, aber er nahm zu meiner Verwunderung ab. „
Juliane? Was gibt es?", fragte er.
Begeisterung klang anders.
„Ich wollte nur wissen, ob es zwischen uns aus ist." Es fiel mir unheimlich schwer, zu reden, weil mein Herz zu arg klopfte. Ich war nervös und beinahe hätte ich mein Smartphone fallen lassen. „Sag mir bitte die Wahrheit."
„Lara hat mir schon per WhatsApp geschrieben, dass du über uns Bescheid weißt. Warum also rufst du dann noch bei mir an?"
„Weil ich es aus deinem Mund hören wollte." Woher nahm ich eigentlich den Mut?
„Mach jetzt kein Drama draus. Ich mag dich ja, und die wenige Zeit, die wir verbracht haben, war ja auch ganz in Ordnung. Aber du bist mir zu brav, zu sittsam, so still und ich mag es laut und liebe Action, genau wie Lara. Genügt dir die Antwort?"

„Dann stimmt es also, was ich über dich gehört habe und dass du mich für eine hältst, die hinterm Mond daheim ist."
Es fiel mir immer schwerer, zu reden.
„Wenn du es so siehst, ja. Du bist noch jung und findest sicher einen Freund, der auf deiner Ebene steht."
Mir fiel das Handy aus der Hand, weil mir plötzlich die Kraft fehlte, es festzuhalten. In meinen Ohren rauschte es und mir wurde wieder so übel, dass ich ins Bad rannte und mich übergab. Was dann passierte, geschah wohl in einem Art Trancezustand ...
Jemand starrte mich an, zuerst freundlich lächelnd, doch dann verzerrte sich sein Mund, wurde zu einer fürchterlichen Fratze, die plötzlich in schrilles Gelächter ausbrach. Dann verstummte sie und eine weitere Person kam dazu. Ich erkannte sie jedoch nicht. Da ertönte ein zweistimmiges langsames: „Bist ein braves Mädchen, aber viel zu brav." Beide Gestalten kamen auf mich zu und hoben die Hände, und ihre Finger waren wie die Krallen eines Adlers. Ich schloss die Augen und begann zu schreien. Etwas berührte mich und ich spürte, wie mein Brustkorb immer enger wurde. Jetzt töten sie mich, schoss es mir in den Sinn. Ich begann, mich mit Händen und Füßen zu wehren, aber auch die wurden festgehalten. Ich hörte Stimmen, die mit einem Mal gar nicht mehr so böse klangen. Der Druck auf meinen Brustkorb ließ etwas nach. Ich öffnete vorsichtig die Augen, bereit, wieder zu schreien und blickte durch eine Nebelwand, die sich allmählich auflöste und den Blick in ein Gesicht freilegte. „Mama!", rief ich. Dann schloss ich die Augen und öffnete sie erneut, doch das Gesicht blieb.

„Sie kommt allmählich zu sich", hörte ich eine andere Stimme, die ich aber nicht kannte. „Wir lassen dich jetzt los und du bleibst ganz ruhig, Juliane, hörst du?"
Was sollte ich? Ich drehte den Kopf zu der Seite, von wo die Stimme kam und sah einen Mann in weißem Kittel, der mich freundlich ansah.
„Wo bin ich? Was ist passiert?"
„Du bist in der Klinik", hörte ich Mama sagen.
Klinik? War ich denn krank? „Warum bin ich hier?"
„Später, jetzt bekommst du eine Spritze und danach wirst du erst einmal richtig schlafen", sagte der Mann im Kittel, der Doktor Norden hieß, wie ich später erfuhr.
„Sind sie fort? Sie waren doch gerade hier und wollten mir etwas antun." Ich drehte meinen Kopf unruhig von einer Seite auf die andere. „Schick sie fort, Mama."
„Du hast nur schlecht geträumt", erwiderte meine Mutter. „Es ist niemand hier, der dir etwas antut."
„Geträumt? Dann will ich jetzt aber nicht schon wieder schlafen."
„Es ist aber besser so", sagte der Arzt. „Und wenn du wieder aufwachst, fühlst du dich wesentlich besser, versprochen."
Ich spürte einen Stich im Arm und wenig später stand wieder die Nebelwand vor mir, dann wurde es dunkel.
Als ich aufwachte, saßen meine Eltern an meinem Bett.
„Was machst du nur für Sachen?", begrüßte mich Papa. „Wir haben uns solche Sorgen um dich gemacht."
„Wie bin ich überhaupt hierhergekommen?"
„Ich habe dich im Bad gefunden, du warst bewusstlos", antwortete meine Mutter. „Kind, was hast du dir dabei gedacht, als du die Tabletten genommen hast?"

„Tabletten? Welche Tabletten denn?", stammelte ich und schloss die Augen, um mich zu erinnern. Aber da war nichts. Meine Hände fuhren unruhig über die Decke.
„Sie sollten Ihre Tochter nicht aufregen, Frau Klein. Es ist besser, Sie gehen jetzt erst mal nach Hause. Juliane ist hier in den besten Händen", hörte ich eine Frauenstimme. Dann fühlte ich eine kühle Hand auf meinem Unterarm und ich wurde ruhiger.
„Wir kommen morgen wieder", sagte Mama, beugte sich zu mir und gab mir einen Kuss auf die Stirn. „Sie rufen doch an, wenn etwas ist?"
Diese Frage war wohl an die andere Frau gerichtet. „Natürlich benachrichtigen wir Sie", war die Antwort.
„Du musst keine Angst haben", sagte die fremde Frau dann zu mir. „Ich bin Frau Ullstein, die Psychotherapeutin."
Ich zuckte zusammen. „Psycho ... ich bin doch nicht verrückt, oder?"
„Das sagt auch niemand. Ich möchte dir nur helfen."
„Und wobei?"
„Herauszufinden, warum du Tabletten genommen hast."
„Ich nehme doch keine Tabletten!". Was redete die da für einen Shit? „Ich möchte jetzt heim."
„Deine Eltern möchten, dass du erst einmal hier bleibst, damit wir herausfinden, warum du Tabletten genommen hast ..."
„Dann will ich jetzt einfach nur allein sein."
Ich drehte ihr den Rücken zu und hörte, wie sie sagte: „Gut, dann ruhe dich aus. Wir sehen uns dann morgen."

Irgendwann kam wieder jemand ins Zimmer und stellte sich mir als Schwester Eva vor. Sie brachte mir das Abendessen.

„Ich mag nichts", erklärte ich ihr, worauf sie freundlich meinte: „Aber du sollst etwas essen und die Tabletten nehmen, die in dem Becher sind. Anordnung von Doktor Norden."

„Ich denke, ich soll keine Tabletten nehmen. Was sind das denn für welche?"

„Die eine ist ein leichtes Beruhigungsmittel und die andere sorgt dafür, dass die Tabletten, die man dir aus dem Magen gepumpt hat, deinen Organen nicht schaden."

Die Schwester stellte das Tablett ab und goss Mineralwasser in ein Glas. Das reichte sie mir mit den Medikamenten.

„Nun schluck und dann musst du essen."

„Und wenn ich keinen Hunger habe?"

„Du hast fast zwei Tage geschlafen und nichts gegessen, also es ist besser, du tust es. Die Oberschwester kann sonst sehr ungemütlich werden."

Das war ja fast so, wie bei mir zu Hause. So schluckte ich brav die Tabletten und als die Schwester draußen war, aß ich, aber schon nach wenigen Bissen drehte sich mir der Magen und ich musste mich hinlegen. Zum Glück wurde es dann besser.

Ich starrte an die Decke und wartete gespannt, was als nächstes kam. Als wieder die Tür aufging, schloss ich rasch die Augen und tat, als ob ich schlief. Ich hörte, dass jemand das Tablett mit dem restlichen Essen holte. Es war Schwester Eva, denn als sie hinausging, hörte ich, wie sie zu jemanden sagte: „Ich glaube, sie ist eingeschlafen."

Eine andere Stimme antwortete: „Dann lassen wir sie für heute in Ruhe."

Das war mir auch ganz recht so. In der Nacht schlief ich ganz gut, was wohl an den Tabletten lag.

Am nächsten Morgen hatte ich tatsächlich Hunger und verdrückte mein Frühstück komplett. Die Medikamente hätte ich am liebsten weggelassen, aber Schwester Eva blieb solange neben mir stehen, bis ich sie geschluckt hatte.
Später kam Doktor Norden zur Visite und fragte mich, wie es mir ginge. Irgendwie wusste ich das im Moment selbst nicht. Anschließend erschien ein junger Arzt und wollte mir Blut abnehmen.
„Und wozu?", fragte ich. Ich wollte eigentlich nur allein sein.
„Wir machen ein Blutbild", antwortete er und ich war froh, als er wieder gegangen war. Doch kurz darauf ging erneut die Tür auf. Ich sollte noch zu dieser Psychotante ins Sprechzimmer kommen. Dazu hatte ich echt wenig Lust, aber es nutzte nichts. Und so saß ich ihr dann gegenüber.
„Hast du gut geschlafen?", wollte sie wissen und schaute mich dabei freundlich an. Ich nickte lediglich. „Dann möchte ich dir jetzt gerne ein paar Fragen stellen, die du mir beantworten solltest."
Ich hatte zwar keine große Lust auf dieses Frage-und-Antwort-Spiel, aber weil ich rasch wieder in mein Zimmer zurück wollte, stimmte ich notgedrungen zu.
Zuerst wollte sie wissen, was ich in meiner Freizeit machte. Wahrheitsgetreu erwiderte ich: „Ich habe kaum Freizeit und wenn, sitze ich im Zimmer, höre Musik und male. Ab und zu kommt meine Freundin vorbei und manchmal gehe ich zu Tom in die Bücherstube in meinem Fantasy-Roman lesen."
„Hast du zu Hause keine Bücher?"

„Doch, sehr viele, aber meine Eltern möchten keine Fantasy-Bücher im Haus haben."
„Und warum nicht?"
„Muss ich das unbedingt sagen?"
„Natürlich nicht."
Sie fragte weiter, welche Musik ich am liebsten hörte und welche Bücher ich sonst noch gerne las. Sie fragte mich über die Schule aus und welche meine Lieblingsfächer waren.
Was hatte diese ganze Fragerei damit zu tun, herauszufinden, warum ich angeblich Tabletten genommen haben sollte?
„Ich habe kein bestimmtes Lieblingsfach", erwiderte ich, mehr nicht.
Es entstand eine kleine Pause, in der Frau Ullstein etwas auf ein Papier kritzelte.
„Ich merke, dass du mir nicht vertraust", hörte ich sie sagen.
„Aber Vertrauen ist sehr wichtig zwischen Patient und Therapeut. Noch eine Frage und dann machen wir für heute Schluss. Wie ist das Verhältnis zwischen dir und deinen Eltern?"
Ich zog tief die Luft ein und stieß sie wieder aus. Das ging die Psychotante doch rein gar nichts an, oder?
„Lass dir Zeit mit der Antwort", sagte sie und lächelte mich so an, wie ich es schon lange nicht mehr von meiner Mutter gesehen hatte. Vielleicht war das der Anstoß dazu gewesen, dass ich der Therapeutin mein Herz ausschüttete.
Ich erzählte ihr alles, was mich bedrückte, auch, dass es etwas gab, was meine Mutter mir nicht sagen wollte.
„Und woher weißt du, dass es da etwas gibt?"
„Weil ich gehört habe, wie Papa zu meiner Mutter sagte: ‚Wann willst du endlich mit ihr reden?' Vielleicht bin ich

nicht ihr richtiges Kind und sie kann mich deshalb auch nicht lieben."

„Ich glaube nicht, dass deine Mutter dich nicht liebt. Ich habe sie beobachtet und gesehen, dass sie sich wirklich sehr um dich sorgt. Dafür habe ich einen Blick."

„Sind Sie Hellseherin?"

„Nein, das bringt mein Beruf so mit sich. Ich bringe dich jetzt zu deinem Zimmer."

Auf dem Weg dorthin fragte ich: „Wann darf ich wieder heim? Hier ist es sehr langweilig."

„Erst, wenn wir wissen, warum du so viele Tabletten genommen hast."

„Das weiß ich ja eben nicht", erwiderte ich und das war die Wahrheit. Ich wusste es wirklich nicht.

„Wenn es dir langweilig ist, kannst du dich frei auf der Station bewegen und in die Aufenthaltsräume gehen. Dort steht ein Fernsehgerät oder du kannst dich mit den anderen jungen Patienten unterhalten."

Aber ehrlich gestanden hatte ich dazu wenig Lust.

Als ich wieder in meinem Bett lag, starrte ich an die Decke und versuchte, mich zu erinnern.

Schwester Eva brachte mir später das Mittagessen und blieb neben mir stehen, bis ich meine Medikamente genommen hatte. Es war so entsetzlich langweilig ohne Buch, ohne meine Musik und das Smartphone. Aber trotzdem wollte ich nicht zu den anderen Patienten in den Aufenthaltsraum. Am späten Nachmittag jedoch kam Frau Ullstein und holte mich wieder in ihr Sprechzimmer. Ich dachte schon, sie würde mich weiter ausfragen, aber meine Eltern warteten dort auf mich.

Mama fing gleich an zu reden: „Juliane, wie kommst du auf die Idee, ich würde dich nicht lieben?"
Sie wollte mich umarmen, aber ich wich zurück und schaute die Psychotante an.
„Warum haben Sie das meinen Eltern erzählt?"
„Weil sie das Sorgerecht haben und du noch minderjährig bist. Am besten, wir setzen uns alle erst einmal hin."
„Schatz", sagte jetzt mein Vater, „eines sollst du gleich wissen, du bist unsere richtige Tochter." Er griff über den Tisch und fasste nach meiner Hand. „Und wir lieben dich."
„Und warum zeigt Mama es mir nicht mehr so wie früher, als ich noch klein war? Warum haltet ihr mir oft vor, dass ich nur die Hauptschule besuche und nicht wie Klaus auf das Gymnasium gehe? Warum hat Mama ständig Aufgaben im Haushalt für mich, besonders dann, wenn ich mal fort möchte? Warum darf ich abends nicht auch mal mit Freundinnen bis 21:00 Uhr ins Kino oder ins Eiscafé gehen? Warum durfte ich kein Handy haben? Hätte ich nicht eines zur Konfirmation bekommen, hätte ich heute noch keines. Warum ist es euch egal, dass man mich in der Klasse aufzieht, weil ich so altmodische Eltern habe, die mir kaum Freizeit lassen und darauf bestehen, dass ich um acht abends daheim sein muss? Die mir lediglich eine Stunde Computer am Tag erlauben?" Ich bekam plötzlich schreckliche Kopfschmerzen und stand auf. „Ich will aufs Zimmer, mir ist schlecht."
Ich rannte nach draußen und hörte gerade noch, wie Mama: „Aber, Juliane!" rief.
In meinem Zimmer warf ich mich aufs Bett und da kamen sie wieder, diese dummen Tränen. Wenn ich mich doch nur erinnern könnte, warum ich Tabletten genommen hatte. Als

ich das Öffnen der Tür hörte, blickte ich auf. Frau Ullstein kam herein, gefolgt von Doktor Norden.
„Ist dir noch immer übel?", fragte sie. „Der Arzt gibt dir eine Spritze, damit du wieder zur Ruhe kommst. Deine Eltern befürworten dies."
„Ich will keine Spritze, ich versuche so, wieder ruhig zu werden. Wie soll ich mich denn erinnern, wenn ich schlafe?"
Als der Arzt näher kam, rückte ich in meinem Bett bis zur Wand. „Nein, ich will nicht!", rief ich, hatte aber keine Chancen gegen ihn.

Am nächsten Tag fühlte ich mich etwas besser und als Frau Ullstein kam und mir den Besuch von Angelina meldete, ging es mir noch besser.
Warum wir uns allerdings nicht in meinem Zimmer, sondern im Sprechzimmer der Therapeutin treffen sollten, verstand ich nicht. Als diese den Raum verlassen hatte, umarmten wir uns erst einmal.
„Ich bin so froh, dass du gekommen bist", rief ich. „Ist denn heute keine Schule?"
„Es ist doch Samstag", erwiderte Angelina.
Ich hatte überhaupt keinen Zeitbegriff und wusste nicht einmal, welcher Wochentag war.
„Weißt du von der Schule, dass ich hier im Krankenhaus bin?"
„Nein, ich habe in der Pause diese Nora aus deiner Klasse getroffen und sie gefragt, wie es dir geht, weil ich dich schon einige Tage nicht gesehen hatte. Da erzählte sie, dass du krankgeschrieben bist. Da habe ich bei euch angerufen und bin ganz schön erschrocken, als mir deine Mutter erzählt hat, dass du im Krankenhaus bist, weil du Tabletten

genommen hast. In der Schule soll das aber niemand wissen. Natürlich verrate ich nichts."
„Gut, dass es niemand in der Schule weiß." Das beruhigte mich doch sehr.
„Deine Mutter hat mich gefragt, ob ich dich mal besuchen könnte, das würde dich sicher aufmuntern."
„Oh ja, sehr", freute ich mich. „Ich kann mich allerdings überhaupt nicht erinnern, dass ich Tabletten genommen habe. Jetzt wollen die hier herausfinden, warum. Ich bin doch nicht lebensmüde."
„Hattest du Streit mit deinen Eltern? Oder mit Felix und Lara?"
Felix und Lara!
Lara und Felix!
„Was ist", drang Angelinas Stimme in meinen Gehörgang. „Du schaust plötzlich so seltsam drein."
„Ich ... ich habe die ... die ganze Zeit nicht mehr an sie gedacht", brachte ich stockend hervor.
Ich schloss die Augen und sah verschwommen ein Bild vor mir. Ein Bild, auf dem zwei sich umarmende Menschen zu sehen waren. Ich erkannte sie jedoch nicht und machte die Augen wieder auf.
„Wissen die beiden denn, dass ich im Krankenhaus liege?"
In meinem Schädel arbeitete es, denn ich versuchte, mir die Gesichter von meiner Freundin Lara und von Felix, in den ich doch so verliebt war, vorzustellen. Aber ich brachte es nicht fertig, auch regte sich nichts in mir. Keine Schmetterlinge im Bauch und kein Glücksgefühl, wenn ich an Felix dachte.

„Ich habe Lara nur flüchtig in den Pausen gesehen. Und Felix geht ja auf eine andere Schule. Du weißt wirklich nicht, was passiert ist?"
„Nein. Weißt du es denn?"
„Ja."
„Dann sag es mir."
Die Tür ging auf und Frau Ullstein kam herein.
„Du musst versuchen, dich selbst daran zu erinnern", sagte sie und sah mich dabei an.
„Haben Sie uns belauscht?"
„Belauschen würde ich das nicht nennen, ich habe zugehört. Das ist ein Teil der Therapie. Du musst dich selbst erinnern. Es ist jetzt besser, deine Freundin geht und wir beide machen einen kleinen Spaziergang durch den Park."
„Darf sie wiederkommen?", fragte ich vorsichtig.
„Natürlich."
Ich verabschiedete mich von Angelina.

Es war ein schöner Tag, die Sonne schien warm auf meine nackten Arme, als wir uns auf eine Bank setzten. Die Sehnsucht, fort von hier zu sein, überkam mich. Hier fühlte ich mich gefangen, aber zu Hause war es eigentlich auch nicht anders. Ich schaute mich im Park um und mein Blick blieb an einer anderen, besetzten Bank hängen. Eine ältere Frau in einem Morgenmantel saß dort mit einem Junge, der bestimmt nicht viel älter war als ich.
„Ist das nicht ein herrlicher Tag?", fragte Frau Ullstein, während ich immer noch zu der Frau und dem Jungen blickte und „ja" sagte.

Der Junge drehte plötzlich seinen Kopf zu mir her und lächelte. Einen Augenblick lang schauten wir uns an und dann drehte er sich wieder der Frau zu. Ob sie seine Oma war?
Frau Ullstein und ich saßen eine Weile schweigend nebeneinander. Dann wollte sie wissen, ob dieses Mädchen, diese Lara, eine gute Freundin von mir war.
„Ja, schon. Wir haben uns in der Grundschule kennengelernt und gleich verstanden. Wir sind beide sehr unterschiedlich. Sie ist sehr aufgeschlossen und kontaktfreudig, während ich eher ruhig bin und alles in mich reinfresse. Ich bin nicht mutig, auch wenn es Momente gibt, in denen ich mich überliste und mal sage, was Sache ist."
„So wie gestern, als deine Eltern da waren?"
Irgendwie brachte mich die Psychotante dazu, noch mehr von mir zu erzählen, als ich es ohnehin schon getan hatte. So schüttete ich quasi mein Herz abermals vor ihr aus.
Als ich fertig war, griff sie nach meiner Hand. „Und wer ist dieser Felix? Etwa dein Freund?"
„Ja, aber das dürfen Sie meinen Eltern nicht sagen, sie wissen nichts davon", flehte ich sie an. „Wenn ich hier wieder raus bin, werde ich es ihnen selbst erzählen, versprochen."
„Erzähle mir von ihm", bat mich Frau Ullstein.
Zuerst zögerte ich, dann redete ich.
„Dass dieser Felix keinen guten Ruf haben soll, glaubst du nicht so richtig, vermute ich."
„Ich kann es mir einfach nicht vorstellen und dass er Freundinnen hatte, kann ich ihm ja nicht verübeln."
„Und wann hattet ihr den letzten Kontakt?"
„Es war vor dem Wochenende. Ich habe Freitag und Samstag versucht, ihn und auch meine Freundin zu erreichen, aber weder er noch Lara hatten ihr Handy an."

„Und danach?"
„Bin ich hier aufgewacht."
Der Junge auf der Bank gegenüber stand auf und half der Frau hoch. Als sie an uns vorbeigingen, trafen sich noch einmal kurz unsere Blicke und die Frau neben ihm meinte: „Es gibt gleich Mittagessen."
„Wir gehen auch sofort", erwiderte Frau Ullstein und zu mir gewandt sagte sie: „Wir machen am Montag weiter. Heute Nachmittag kannst du beim Basteln mitmachen, wenn du magst."

Da später mein Vater zu Besuch kam, wurde nichts aus dem Basteln. Er erwähnte meinen Ausbruch am Tag davor nicht und das war mir recht so. Dass Mama lieber zu ihrem Seniorennachmittag gegangen war, schmerzte mich sehr, aber ich ließ es mir nicht anmerken. Für mich war das ein weiterer Beweis dafür, dass sie mich nicht liebte.

Am Sonntag waren meine Eltern bei Oma zum 75. Geburtstag eingeladen und konnten mich nicht besuchen, aber zu meiner Freude erschien Angelina. Ich fragte die Schwester, ob ich in den Park gehen durfte und sie erlaubte es.
„Ich bin so froh, dass du heute noch einmal gekommen bist. Es ist so entsetzlich langweilig hier. Ich kann nicht einmal Lara oder Felix schreiben, weil ich kein Handy haben darf."
Plötzlich hatte ich eine Idee: „Gibst du mir mal deines?"
„Ich habe es nicht dabei. Aber ich weiß nicht, ob es eine gute Idee ist, Lara zu schreiben."
„Warum?"
„Kannst du dich noch immer nicht erinnern?"
„Nein."

Ich hatte mit einem Mal das dumpfe Gefühl, dass meine Erinnerungslücke mit Lara zusammenhing. Ich rief mir das Wochenende ins Gedächtnis, wo ich einige Male versucht hatte, Lara und auch Felix auf dem Handy zu erreichen. Aber beide hatten es abgeschaltet. Das war das Letzte, woran ich mich erinnern konnte, danach wachte ich nach einem blöden Albtraum im Krankenhaus auf. Merkwürdig war allerdings, dass ich bei den Gedanken an Lara innerlich noch immer nichts verspürte. Keine Traurigkeit darüber, weil sie mich nicht einmal besuchen kam. Und was Felix betraf, da schwirrten auch keine Schmetterlinge mehr in meinem Bauch, als ich an ihn denken musste. Womöglich lag das auch an den Tabletten, die ich täglich bekam und die mich ruhigstellten.
„Lass uns einfach ein bisschen spazieren gehen", schlug Angelina vor und hakte sich bei mir unter. „Wenn du wieder zu Hause bist, müssen wir uns öfter treffen. Als wir Pfingsten Urlaub auf dem Hausboot gemacht haben, war das doch super, oder?"
„Ja", erwiderte ich und brachte ein Lächeln zutage. „Das war die schönste Zeit seit langem. Meine Eltern fahren ja nie in den Urlaub und machen auch keine Kurzausflüge. Früher war das anders."
Eine plötzliche Sehnsucht nach damals überkam mich.
Als hätte Angelina das gemerkt, zog sie mich zu einem kleinen Springbrunnen, in dessen Mitte drei lustig dreinblickende Frösche saßen, aus deren Mäulern das Wasser heraussprudelte.
„Schau dir die an", sagte sie, „sind die nicht süß? Lass uns hier ein bisschen stehen bleiben."

Das taten wir auch und lauschten dem Plätschern des Brunnens. Ich schaute dabei ein wenig in der Umgebung herum, bis mein Blick an einem Paar hängenblieb, das Hand in Hand nur wenige Meter von uns entfernt stand. Die Frau musste wohl auch eine Patientin sein, weil sie mit einer Jogginghose und einem recht weiten Schlabbershirt bekleidet war. Der Mann dagegen trug normale Straßenkleider. Sie schauten sich verliebt an und dann umarmten und küssten sie sich. Ich konnte meine Augen einfach nicht von dem Pärchen lösen, sie waren wie festgefroren und plötzlich nahmen die beiden die Gestalten von Lara und Felix an. Ich begann am ganzen Leib zu zittern und drehte mich zu Angelina um.
„Schau doch", flüsterte ich und zeigte mit der Hand auf das Paar. „Meine beste Freundin nimmt mir den Freund."
Ich wollte zu ihnen hinüberlaufen, doch meine Füße waren wie am Boden festgewachsen. Ich schloss die Augen, weil ich nicht länger zusehen wollte. Wie aus weiter Ferne hörte ich dann Angelinas Stimme. „Nein, das sind nicht Lara und Felix. Schau genau hin. Du zitterst ja am ganzen Körper. Komm, wir gehen wieder ins Haus."
Ich spürte, wie sie mich umarmte.
„Nein, lass mich!"
Lara und Felix, wie sie sich küssten und eng umschlungen tanzten. Die Bilder, die Kai mir schadenfroh zeigte. Laras böse Worte, als ich sie zur Rede stellte. Alles war plötzlich wieder klar und deutlich in meinem Kopf. Mir wurde schwindelig und ich bekam nur noch wie durch einen Nebel mit, dass Angelina nach einer Schwester rief. Beide brachten mich auf mein Zimmer zurück.

Nach einer traumlosen Nacht – ich hatte vom Arzt eine Beruhigungsspritze bekommen – wachte ich am nächsten Morgen recht ausgeschlafen auf. Mein erster Gedanke galt meiner wiedergefundenen Erinnerung. Lara hatte unsere Freundschaft verraten. Wenn es von ihrer Seite aus überhaupt jemals eine gewesen war. Dazu dann noch das letzte Gespräch mit Felix: „Mach jetzt kein Drama draus. Ich mag dich ja, und die wenige Zeit, die wir verbracht haben, war ja auch ganz in Ordnung. Aber du bist mir zu brav, zu still und ich mag es laut und liebe Action, genau wie Lara. Genügt dir die Antwort?"

Danach hatte ich mich im Bad übergeben, im Toilettenschrank Mamas Tabletten entdeckt und sie einfach geschluckt. Aber nicht, weil ich lebensmüde war, sondern aus Verzweiflung.

Ich war also nicht verrückt – was ja auch niemand behauptet hatte. Frau Ullstein, der ich alles erzählt hatte, beruhigte mich. Sie meinte, dass mein Unterbewusstsein blockiert gewesen war und einen Schutzmechanismus auslöste. So konnte ich mich nicht erinnern. Erst als ich das verliebte Pärchen beim Küssen sah, löste sich die Blockade.

∞

Wahrheiten

Obwohl mein Gehirn wieder ganz normal funktionierte, musste ich noch einen Tag länger im Krankenhaus bleiben. Sie nahmen mir noch einmal Blut ab, doch meine Organe waren zum Glück in Ordnung. Erst am Dienstagmorgen durfte mich meine Mutter abholen. Frau Ullstein bat uns noch einmal zu sich.

„Was war denn nun mit meiner Tochter?", fragte Mama.

„Sie haben mir lediglich erklärt, dass Juliane sich wieder erinnert und der Grund für die Tabletteneinnahme gefunden wurde." Sie schaute mich an: „Sag, warum hast du das gemacht?"

Ihre Frage klang in meinen Ohren ziemlich vorwurfsvoll, deshalb drehte ich den Kopf von ihr weg. Ich wusste, dass es endlich Zeit wurde, ihr und Papa alles zu erzählen. Doch davor fürchtete ich mich.

„Ihre Tochter wird Ihnen und Ihrem Mann zu Hause alles in Ruhe erzählen, aber erst, wenn sie dazu bereit ist. Lassen Sie ihr Zeit."

„Kann ich Juliane denn mit gutem Gewissen mit nach Hause nehmen?"

Ich verstand Mamas Frage nicht.

„Ja gewiss, ich glaube nicht, dass sie noch einmal Tabletten schluckt. Es war eine Kurzschlusshandlung."

„Woher wollen Sie das wissen?", fragte Mama.

„Ich arbeite seit fast dreißig Jahren in meinem Beruf, da bekommt man ein Gespür dafür, wer gefährdet ist oder nicht. Ich vertraue ihr und das sollten Sie auch tun."

Frau Ullstein brachte uns noch bis zur Tür.

„Falls etwas sein sollte, dürfen Sie mich getrost anrufen und Juliane kann jederzeit zu mir in die Sprechstunde kommen", erklärte sie uns abschließend und gab Mama eine Visitenkarte. „Und nun wünsch ich dir und deiner Familie alles Gute."

Ein bisschen traurig war ich schon, als ich das Zimmer verließ, konnte aber nicht sagen, warum.

Meine wenigen Sachen waren schnell gepackt und als der Arzt die Entlassungspapiere brachte und mir viel Glück wünschte, verließen wir die Klinik. Während der Fahrt von Konstanz nach Rosenau schwieg Mama. Als wir zu Hause waren, meinte sie: „Ich kann dich doch alleine lassen? So komme ich doch noch rechtzeitig ins Gemeindezentrum. Aber du versprichst mir, zu Hause zu bleiben."
Klar, was hatte ich auch anderes erwartet? Ihre gemeinnützige Arbeit und der Seniorennachmittag waren ihr wichtiger, als ich. Es hatte sich nichts geändert.
Alleingelassen zog ich mich in mein Zimmer zurück. Alles würde so weitergehen wie bisher. Nein, nicht alles: Lara würde niemals wieder zu mir kommen, unsere Freundschaft war vorbei. Sollte sie doch mit Felix glücklich werden. Ich fühlte einen dumpfen Schmerz in der Brust, aber ich würde darüber hinwegkommen, das hatte auch Frau Ullstein gemeint, nachdem ich ihr alles erzählt hatte. Es würde nur seine Zeit brauchen.

Gegen 17:00 Uhr klingelte es an der Haustür. Zuerst wollte ich nicht runtergehen, aber als derjenige nicht aufgab, öffnete ich.
„Willst du mich nicht reinlassen?", rief Angelina und lachte. Ich fiel ihr freudig um den Hals. „Komm rein. Magst du was trinken?"
„Nein, ich will wissen, wie es dir geht. Ich habe in der Klinik angerufen und wollte dich sprechen, da haben sie gesagt, dass du entlassen worden bist."
„Ich bin noch etwas schlapp auf den Beinen, weil ich wenig Bewegung hatte, denke ich mal. Aber sonst geht's."

„Echt?"
„Naja, es tut noch weh. Wie ist die Lage in der Schule?"
„Gut. Es scheint keiner zu wissen, was wirklich passiert ist."
„Und was macht Lara?" Meine Güte, warum fragte ich noch nach ihr.
„Wir reden nicht miteinander. Sie ist immer von ihren Freunden umgeben. Wirst du dich mit ihr aussprechen?"
Ich zögerte etwas und sagte dann fest: „Nein, das Kapitel ist vorbei. Es muss immer erst was passieren, damit man merkt, wer falsch ist und wer nicht."
„Da haste recht. Und jetzt kann ich dir auch sagen, warum ich mich damals von dir zurückgezogen habe."
Ich schaute hoch und sah Angelina verwundert an: „Warum?"
„Weil Lara mir damals oft genug in den Ohren lag, dass ihr zwei lieber für euch allein sein wollt. Als ich fragte, ob du das auch willst, meinte sie ja, aber du würdest dich nicht trauen, es mir persönlich zu sagen."
Das war ein Schock für mich. Lara also war schuld daran, dass die Freundschaft zwischen Angelina und mir damals auseinander ging ...
„Danke, dass du es mir gesagt hast", flüsterte ich.
Kurz darauf verabschiedete sie sich. „Ich muss noch Aufgaben machen. Wann kommst du wieder in die Schule?"
„Mama hat nichts gesagt. Aber ich kanns dir per WhatsApp schreiben."
„Okay, tipp meine Handynummer gleich in dein Smartphone."
Das tat ich auch und brachte Angelina zur Haustür.

Kurz darauf kam Mama heim und wenige Minuten später erschien schon mein Vater mit einer riesigen Schachtel Pizza.
„Heute bin ich etwas früher daheim", erklärte er. „Kommt gleich essen, bevor die Pizza kalt wird."
„Wieso Pizza?", fragte Mama. „Du weißt, wie ungesund das ist."
„Du musst ja nichts essen, so bleibt für uns mehr, oder, Juliane?" In Papas Stimme schwang Belustigung mit. „Übrigens freue ich mich, dass sie dich wieder heimgelassen haben. Und jetzt kommt."
Er ging vor ins Esszimmer, ich folgte ihm und holte drei Teller aus dem Schrank.
„Kommst du, Maria?", rief Papa. „Einmal wirst du dich doch überwinden und "so ein ungesundes Zeug" essen können."
Mama kam tatsächlich und am Ende, wer sagt es denn, schien ihr die Pizza auch recht gut zu schmecken.
Nach dem Essen – alles war weggefuttert und aufgeräumt – wollte ich mich in mein Zimmer verziehen. Doch Papa wünschte, wie er betonte, dass wir uns ins Wohnzimmer setzten.
Als Mama die Kiste einschalten wollte, hinderte mein Vater sie daran. „Lass ihn aus, es ist jetzt an der Zeit, dass wir uns alle in Ruhe mal unterhalten und einige Dinge auf den Tisch legen."
Ich sah, dass Mamas rechtes Augenlid zitterte, eine nervöse Angewohnheit von ihr.
„Was willst du hören?", fragte ich.

Musste ich jetzt erzählen, warum ich diese Kurzschlusshandlung hatte? Letztendlich würde ich sowieso nicht drumherum kommen.
Aber Papa wandte sich an Mama.
„Es wird Zeit, dass du Juliane alles erzählst. Nur so kann sie verstehen, warum du so zu ihr bist, wie du bist."
Nun sah ich meine Mutter an. „Was ist eigentlich los? Warum erzählst du nicht endlich, was Sache ist?"
Mama stand auf und ging zum Fenster und mit dem Rücken zu uns erzählte sie ...
Und so erfuhr ich von Anna, Mamas vier Jahre jüngeren Schwester. Von ihren Brüdern lebte nur noch Onkel Rudi, weil dessen Zwilling mit zwanzig Jahren bei einem Unfall gestorben war. Meine Tante Anna war ein echter Wildfang und der Liebling ihrer Eltern gewesen. Als sie in den Kindergarten ging, nahm meine Oma wieder ihren Beruf als Lehrerin auf. Opa war leidenschaftlicher Pfarrer. Seine Kinder mussten jeden Sonntag in der Kirche erscheinen und er erwartete, natürlich gemeinsam mit meiner Oma, von ihnen, dass sie in der Schule zu den Besten zählten. Deshalb durfte später auch nie darüber geredet werden, dass meine Mutter ja nur eine mittelmäßige Mittlere Reife geschafft hatte.
Opa und Oma überwachten abwechselnd wie Generäle die Hausaufgaben ihrer Kinder und erst dann, wenn alle Aufgaben zu aller Zufriedenheit ausfielen, durften sie sich entfernen und spielen gehen. Oma war recht streng und hielt die Zügel straff, während Opa sich aus der Erziehung seiner Kinder raushielt. Ausnahme war wie gesagt, die schulische Seite und der sonntägliche Kirchgang. Da ließ er nicht mit sich verhandeln. Da meine Oma arbeiten ging, kam einmal in der Woche eine Putzfrau für zwei Stunden, doch für die

Mädchen blieb dennoch genug zum Helfen übrig. Besonders für Mama, sie war ja die Ältere. Ihr um ein Jahr älterer Bruder war schließlich ein Junge und musste keine Hausarbeit machen. Anna verstand es im Gegensatz zu meiner Mutter gut, ihre Eltern um den Finger zu wickeln und sie drückte sich von Anfang an davor, zu helfen.
Oma wurde eines Tages sogar Schulrektorin auf einem Ganztagsgymnasium und kam nun oft erst am späten Nachmittag heim. Opa hatte viel in der Pfarrei zu tun, denn er leitete nebenbei auch noch zwei Jugendgruppen, einen Kirchenchor und da waren ja auch noch die Konfirmanden. Während Mama nach der Schule viel Zeit zu Hause verbrachte und wenig Freizeit hatte, war Tante Anna ständig mit ihren Freundinnen unterwegs. Von ihrer großen Schwester ließ sie sich nichts sagen, reagierte dann oft sehr schnippisch. Es kam oft vor, dass Anna abends sogar länger fort blieb als erlaubt, da war sie erst dreizehn. Natürlich gab es Ärger, aber Anna brauchte nur lieb zu gucken und ihr wurde verziehen. Dann veränderte sich Anna. Ihre bisher so guten Schulleistungen wurden immer schlechter und sie litt unter Stimmungsschwankungen. Zum einen wurde sie immer aufgedrehter und dann wiederum launisch und oft auch trübsinnig. Das fiel sogar Oma und Opa auf, aber sie schoben es auf die Pubertät. Immer häufiger kam es vor, dass Anna wegen Alkoholmissbrauch im Krankenhaus landete, und dort stellte man fest, dass sie nicht das erste Mal Drogen genommen haben musste. Meine Großeltern waren wie vor den Kopf geschlagen, denn sie hatten nichts von diesem Drogenkonsum bemerkt. Wie auch, ihre berufliche Laufbahn war ihnen doch wichtiger. Opa bestand darauf, dass Anna sofort in klinische Behandlung ging. Außerdem

durfte niemand erfahren, dass sein Lieblingskind auf die schiefe Bahn geraten war. Doch Anna gelang es, von der Klinik abzuhauen. Am nächsten Tag fanden ihre Eltern einen Brief, in dem sie schrieb, dass sie nicht in die Klapse gehe, sondern zu ihrem Freund, den ja niemand von der Familie kannte. Anna wurde natürlich gesucht, aber nie gefunden. Bis zum heutigen Tag blieb sie verschwunden und niemand wusste, ob sie überhaupt noch am Leben war. Und da hatte sich meine Mutter geschworen, auf ihre Tochter, falls sie eine bekäme, besser aufzupassen, als es ihre Mutter bei meiner Tante Anna getan hatte. Vor allem dann, wenn sie in dieses gefährliche Alter kam ...

Deshalb also müllte mich Mama mit häuslicher Arbeit zu, damit ich zu Hause bleiben musste und nicht wie Anna auf die schiefe Bahn geriet. Deshalb diese ganzen Einschränkungen und Vorschriften!
„Vielleicht hat Anna auch nur die falschen Freunde gehabt und niemand war da, bei dem sie sich ausko… um Hilfe bitten konnte. Oma war ja ihr Beruf wichtiger und Opa mischte sich nicht in die Erziehung ein; Hauptsache seine Familie erschien regelmäßig im Gottesdienst. Mit wem also hätte Anna denn reden sollen?", erwiderte ich, nachdem Mama mit ihrer "Wahrheit" zu Ende war.
„Vielleicht mit mir. Ich war damals fast neunzehn und hätte ihr zugehört."
„Das wusste sie vielleicht nicht."
Meine Mutter tat mir plötzlich so leid, weil sie früher zu Hause auch kaum freie Zeit für sich und Freundinnen hatte. Ich wurde plötzlich von dem unbändigen Gefühl erfasst, meine Mutter zu umarmen. Viel zu lange hatte ich das schon

nicht mehr gemacht. So ging ich einfach zu ihr hin und nahm sie in die Arme.

„Und ich habe in der letzten Zeit immer geglaubt, dass du so streng bist, weil du mich nicht mehr liebst und mir deshalb alles verbietest, was mir Freude macht. Ich habe ja den Grund dafür nicht gekannt", sagte ich und löste mich von ihr.

Plötzlich lächelte sie, was mich dann doch etwas verwirrte.

„Dann haben wir ja jetzt etwas Klarheit in unsere Familie gebracht", hörte ich Papa sagen. „Ich finde, wir sollten es für heute genug sein lassen."

Der Meinung war ich allerdings auch, obwohl ich mir gerne auch eine Last von der Seele geredet hätte.

„Dann verziehe ich mich nach oben. Übrigens, wie lange bin ich denn noch krankgeschrieben?"

„Du liebe Güte", erwiderte Mama, „das hätte ich um ein Haar vergessen, dir zu sagen. Diese Woche noch und ich hoffe, es wird niemand in der Schule erfahren, warum du wirklich gefehlt hast."

In diesem Falle waren wir wohl alle der gleichen Meinung.

In meinem Zimmer musste ich an Anna denken, die ich nie kennenlernen würde. Es musste für die Großeltern schlimm gewesen sein, ein Kind zu verlieren und nicht zu wissen, was aus ihm geworden ist. Ich glaubte zudem, dass auch Mama noch immer um ihre kleine Schwester trauerte.

Vielleicht würde sich jetzt, nachdem die Gründe für ihre Strenge offengelegt waren, etwas ändern. Ich hoffte es jedenfalls. Dann dachte ich plötzlich an Lara, und fühlte nichts. Als ich mir aber Felix ins Gedächtnis rief, kam die Traurigkeit über mich. Keine Tränen, keine Wut, ich war einfach nur traurig.

Später griff ich zum Handy und schrieb Angelina, dass ich diese Woche noch zu Hause blieb.
Am nächsten Tag schlief ich mich erst einmal aus und wunderte mich, dass Mama mich tatsächlich in Ruhe ließ. Als ich geduscht und angezogen war, ging ich hinunter und fand einen Zettel auf dem Esszimmertisch. Mir schwante schon Schlimmes, doch ich wurde angenehm überrascht. Mama schrieb nur, dass sie schon in die Klinik musste, weil kurzfristig eine Kollegin krank geworden war. Ich sollte lediglich die Spülmaschine ausräumen, wenn sie fertig sei. *Ich denke, du wirst heute ohne mich klarkommen*, schrieb sie. Wow, das waren ja ganz andere Töne, aber wie lange würden sie anhalten?
Und du darfst auch in die Bücherei gehen, wenn du willst.
Dass Mama sich so ganz von gestern auf heute änderte, daran glaubte ich natürlich nicht, aber vielleicht war das ja ein guter Anfang.
Ich räumte auch die Maschine aus, machte mir was zu Essen und chillte in meinem Zimmer, während ich mir die neuste David Garrett CD reinzog.
Später machte ich mich dann auf den Weg zu Tom. Ich musste endlich wieder einmal weiter in meinem Harry Potter lesen, den ich in letzter Zeit ziemlich vernachlässigt hatte.
„Du warst schon 'ne Weile nicht mehr hier", begrüßte mich Tom. „Warst du krank?"
„Ja."

Was sollte ich auch sagen? Die Wahrheit sicher nicht. Da er uns gegenüber wohnte, hatte er sicher mitbekommen, dass ich einige Tage nicht zu Hause war.
„Dafür habe ich heute etwas mehr Zeit mitgebracht", erklärte ich ihm.
Tom gab mir das Buch und ich verzog mich in meine Ecke. Kurz darauf vergaß ich alles um mich herum und war so vertieft in meine Lektüre, dass ich erschrak, als mich jemand ansprach. Ich sah von meinem Buch auf.
„Ich habe gefragt, ob ich mich auch hier her setzen darf", sagte jemand.
Ich war etwas irritiert. „Was? Ja, sicher, ich habe die Sitzecke nicht gepachtet", erwiderte ich etwas zu schroff, entschuldigte mich aber gleich darauf für meinen Ton. „Ich war nur so vertieft in mein Buch."
„Und was liest du da?"
„Harry Potter, Band vier. Und du?" Ich schaute auf die Bücher, die er auf den kleinen runden Tisch gelegt hatte.
„Im Moment nichts bestimmtes. Es sind hauptsächlich Abenteuerromane. Deshalb blättere ich mal in denen herum und das, was mich am meisten anspricht, leihe ich mir aus. Das mache ich immer so."
Aha, dachte ich, auch jemand, der sicher wenig Taschengeld bekommt. Ich betrachtete den Jungen, den ich so auf fünfzehn oder sechzehn schätzte. Irgendwie kam er mir bekannt vor. Ich musste ihn schon einmal gesehen haben, aber wo?
„Gehst du auf die Jahn-Schule?", wollte ich wissen.
„Nein, aber wenn du wissen willst, wo wir uns schon einmal gesehen haben, kann ich dir aushelfen." Er lachte und sein Lachen zog sich übers ganze etwas rundliche Gesicht. Er

sah bei weitem nicht so gut und männlich aus wie Felix, eher wie ein Junge, aber irgendwie sympathisch.
„Ja, gib mir mal 'nen Tipp."
„Sonntag im Krankenhauspark. Ich habe meine Oma besucht."
Klar! Jetzt fiel der Groschen. Die beiden hatten auf der Bank gegenüber gesessen. Ich wollte nicht mehr an diese unangenehmen Tage denken und stellte mich mal vor.
„Ich bin Juliane."
„Freut mich, dich kennenzulernen. Ich heiße Moritz."
„Freut mich ebenfalls. Wenn es dir nichts ausmacht, möchte ich gerne noch etwas lesen. Kennst du auch Harry Potter?"
„Klar, ich habe alle sieben Bände gelesen und die Filme gesehen. Mal sehen, was ich mir heute mitnehme."
„Dann schau halt mal und ich lese weiter."
Das tat ich auch, warf aber ab und an einen Blick zu Moritz, der seinerseits in Bücher vertieft war. Schließlich hörte er auf.
„Ich habe was gefunden und muss auch schon gehen. Schön, dich getroffen zu haben. Vielleicht sehen wir uns mal wieder?"
„Ja vielleicht", antwortete ich und war mir im Moment nicht einmal sicher, ob ich das überhaupt wollte. Sollte ich mich schon so kurz nach Felix mit einem anderen Jungen treffen? Aber warum eigentlich nicht? Ich verpflichtete mich ja zu nichts und außerdem konnte ich meiner ersten Liebe nicht ewig nachtrauern. Ich schaute zu den Büchern in Moritz Händen. „Für was hast du dich denn entschieden?"
„Die Drachenflüsterer, es ist eine dreibändige Saga." Moritz stand auf. „Dann tschau und noch viel Spaß beim Lesen."

Ich hatte plötzlich, ohne sagen zu können warum, keine Lust mehr und rief spontan: „Weißt du was? Ich höre für heute auch auf."
Ich gab mein Buch bei Tom ab. „Tschau, Tom", rief ich ihm zu und als Moritz fertig war, verließen wir die Bücherstube.
„Warum nimmst du dir das Buch nicht mit nach Hause?"
„Weil meine Eltern keine Fantasy-Bücher im Hause haben wollen. Sie halten die für kulturlos."
„Meine Eltern haben auch ihre Marotten, tröste dich. Ich wollte meinen Mofa-Führerschein machen, aber mein Vater ist dagegen. Nur weil mein älterer Bruder vor Jahren damit einen Unfall hatte. In vielen Dingen sind meine Eltern ziemlich altmodisch. Kannst du dir vorstellen, dass ich erst mit fünfzehn ein Smartphone hatte?"
Ich musste lachen. „Da können wir uns ja die Hand geben. Ich bekam erst eines zu meiner Konfirmation im Mai geschenkt und das von einem alten Familienmitglied, von dem das niemand erwartet hätte."
„Da warst du sicher auch das Gespött in deiner Klasse. Mir erging es jedenfalls so. Alle hatten ein Handy, nur ich nicht. Meine Mitschüler prahlten damit und zogen mich auf, weil ich keinen Mumm hätte, mich zu Hause zu behaupten."
„Stimmt, wenn du etwas anders bist als die Allgemeinheit, hast du die Spötter auf deiner Seite. Mich hat das immer sehr verletzt. Tut es jetzt auch noch, irgendwie gewöhnt man sich nie daran."
„So ist es. Jetzt muss ich aber, zu Hause warten die Hausaufgaben und meine Mutter kontrolliert sie regelmäßig, natürlich im Auftrag meines Vaters."
Es schien, als hätten sich zwei Gleichgesinnte getroffen.
„Okay, man sieht sich sicher mal wieder."

„Warum dem Zufall überlassen? Ich gebe dir meine Handynummer und wir können uns ja mal treffen."
„Hab nichts zum Schreiben dabei, du?"
„Nein, aber mein Smartphone." Er holte es aus seiner Hosentasche. „Sag mir einfach deine Nummer."
Nachdem er sie eingetippt hatte, trennten wir uns. Ich schaute ihm noch nach, dem Jungen in den verwaschenen Jeans und dem Druckshirt. Seine blonden Haare reichten ihm im Nacken bis zum Shirtkragen. In Gedanken verglich ich ihn mit Felix; gegen ihn wirkte Moritz eher unscheinbar, genau wie ich es im Vergleich mit Lara tat.

Gegen Abend rief Angelina an und wollte wissen, wie es mir ging und wann wir uns wieder einmal treffen könnten. „Stell dir mal vor, wen ich auf dem Weg nach Hause getroffen habe?"
„Felix", fiel mir spontan ein.
„Nein, diesen Roman, mit dem Lara mal ging."
„Kennst du den denn?"
„Flüchtig, er war mal mit einer Klassenkameradin befreundet, bis er mit ihr Schluss gemacht hat, wegen Lara. Wir quatschten kurz und dabei erzählte er mir, dass Lara ihn ständig kontrolliert hat, aber selbst mit anderen Jungen flirtete, was das Zeug hielt. Sie war es auch, die sich an Felix rangemacht hat."
„Aber Felix war nicht abgeneigt, sonst hätte er sich nicht von mir getrennt. Außerdem ist mir das inzwischen egal. Ich mag von beiden nichts mehr wissen."
Dass es immer noch schmerzte, verschwieg ich.

„Klar, verstehe ich. Ist es dir recht, wenn ich morgen Abend bei euch vorbeikomme? Dann können wir ein bisschen quatschen."
Es war mir mehr als recht.

An diesem Abend gestand ich meinen Eltern, wie es zu meinem Kurzschluss mit den Tabletten gekommen war. Ich erzählte alles, und sie unterbrachen mich nicht. Danach blieb es eine Weile still, bis meine Mutter als erste sprach.
„Warum hast du nicht mit mir geredet?"
„Das fragst du noch?", erwiderte Papa. „Du wärst doch gleich an die Decke gegangen, wenn Juliane dir von diesem Jungen erzählt hätte."
„Du doch auch", konterte Mama zurück. „In diesem Punkt hättest du diese Freundschaft mit einem 18-jährigen doch auch unterbunden. Juliane ist gerade fünfzehn."
„Natürlich wäre ich damit auch nicht einverstanden gewesen, aber deine ganze Vorsicht, dem Mädchen ja so wenig Freizeit zu lassen, damit es nicht auf dumme Gedanken kommt, ging auch nach hinten los. Juliane musste ja alles heimlich machen, weil sie kein Vertrauen zu uns hatte. Aber ich kann dir einen Vorwurf nicht ersparen. Du solltest in Zukunft deine Medikamente besser verschließen."
„Ja, du hast recht. Ich konnte doch nicht ahnen, dass Juliane an meine Tabletten geht. Tut mir wirklich sehr leid." Mama schaute von Papa zu mir. „Ich wünsche mir, dass du nie wieder so etwas machst. Wir haben uns wirklich große Sorgen gemacht. Das musst du uns glauben."
Bei Mama fiel es mir noch schwer, aber ich würde es bestimmt eines Tages lernen, ihr zu glauben.

Während Papa sich kurz darauf zu seiner Tagesschau ins Wohnzimmer verzog, half ich Mama noch in der Küche.
Eine Frage lag mir allerdings noch auf der Seele und ich fand, die Gelegenheit, sie zu stellen, war günstig.
„Warum sind für dich Fantasy-Bücher kulturlos und haben in unserem Haus nichts zu suchen? Du hast doch noch nie eines gelesen."
„Stimmt, weil mein Vater dagegen war. Bei ihm mussten ich und meine Geschwister das lesen, was er für gut und richtig hielt. Kein Buch gab es in unserem Haus, das nicht vorher von ihm abgesegnet war. Alles Unrealistische wurde von ihm verdammt und schlechtgeredet. So war es von klein auf."
„Und deine Mutter? Ich dachte, dein Vater hielt sich aus der Erziehung raus."
„Das war auch so ein Punkt, wo er das Sagen hatte und meine Mutter tat nie etwas, das seinen Zorn erregte. Es tut mir leid, dass ich dir so viel Kummer bereitet habe." Mama kam zu mir und gab mir einen Kuss auf die Wange. „Du musst mir Zeit lassen."
„Na klar", antwortete ich und ging hoch in mein Zimmer. Ich fühlte mich sehr erleichtert, dass alles geklärt wurde und hoffte, dass sich jetzt einiges ändern würde. Dass Mama sich nicht von heute auf morgen um 180 Grad drehen konnte, war mir klar.

Der nächste Tag war ein Donnerstag und somit Mamas Kaffeekränzchen. Als ich am Morgen in die Küche kam, stand sie vor der Anrichte und rührte einen Kuchenteig.

„Du kannst gleich frühstücken", sagte sie und rührte weiter. „Wenn der Teig im Backofen ist, müssen wir noch was besprechen."
Ich goss mir ein Glas O-Saft ein und ging ins angrenzende Esszimmer.
„Was ist mit Kakao? Den trinkst du doch sonst immer zum Frühstück", rief mir Mama hinterher.
„Heute mag ich lieber Saft."
Was sie wohl noch mit mir bereden wollte? Sicher ging es um heute Nachmittag.
Als meine Mutter sich zu mir gesetzt hatte, fragte sie: „Wie meinst du, sollen wir in Zukunft miteinander umgehen?"
„Wie meinst du das?"
„Nun ja, du möchtest doch jetzt sicher mehr Freiheit, öfter weggehen, dich mit Freunden treffen. Vielleicht hoffst du, dass wir dir erlauben, abends länger wegzubleiben, sagen wir bis 22:00 Uhr?"
Ich schluckte meinen Bissen Brot runter und schaute sie an. „So ungefähr", sagte ich mutig. „Und du sollst mich nicht ständig herumkommandieren wie ein Dienstmädchen. Juliane, tu dies, Juliane, tu das."
Ich staunte über mich selbst. Noch vor einigen Tagen hätte ich meiner Mutter nie so etwas offen ins Gesicht gesagt. Da hätte ich es lieber runtergeschluckt.
„Dann darf ich dich also in Zukunft um keine Hilfe mehr im Haushalt bitten?"
„Das habe ich ja nicht gesagt, Mama. Ich helfe gerne, aber du …"
„Ich übertreibe es, sag´s ruhig", entgegnete sie. „Und was soll ich deiner Meinung nach noch ändern?"

„Ihr sollt mir nicht immer vorhalten, dass ich nur in die Hauptschule gehe und wie toll Klaus sein Abi bestanden hat. Schule ist einfach nicht mein Ding. Aber das letzte Jahr krieg ich auch noch rum. Dann suche ich mir eine Ausbildungsstelle."
„Wir wollen doch nur dein Bestes, Kind", meinte meine Mutter. „Aber mit einem Realschulabschluss oder besser noch mit einem Abitur hast du viel bessere Berufsaussichten. Du sollst es doch später mal zu was bringen."
Da war er wieder, dieser Ton, den ich gut genug kannte. Zu was bringen ... „Wenn es nach euch ginge, müsste ich studieren, das weiß ich. Aber dazu habe ich keinen Bock, außerdem müssten da meine Leistungen erheblich besser werden. Ich möchte viel lieber in einer Buchhandlung arbeiten oder in einem Blumengeschäft, in einer Gärtnerei vielleicht." Natürlich stand ich da mit meinen Wünschen allein auf weiter Flur.
„Bücherei, Gärtnerei", wiederholte Mama. „Darüber ist das letzte Wort noch nicht gesprochen. Und was soll sich noch ändern?"
Warum hatte ich nur das komische Gefühl, dass meine Mutter mich nicht ernst nahm? „Ach, Mama", sagte ich betrübt, „ich glaube, du willst gar nichts anders machen, alles soll so weitergehen wie bisher und wie ich mich dabei fühle, ist dir doch egal." Ich stand auf und rannte hoch in mein Zimmer. Die Tür ließ ich absichtlich mit einem lauten Knall hinter mir zufallen. Meine Vermutung, Mama würde sofort in mein Zimmer stürmen und mir eine Szene machen, bestätigte sich nicht.

Gegen Mittag klopfte es an meine Tür. „Juliane, ich habe eine Kleinigkeit zu Essen angerichtet, kommst du runter?" Warum kam sie nicht reingeschneit, wie sie es sonst immer tat? „Ja, einen Moment", erwiderte ich, legte meine Zeichenstifte wieder zurück in den Kasten und stellte meinen CD-Spieler ab.
Im Esszimmer hatte sie für uns beide schon gedeckt und der Bohneneintopf stand auf dem Tisch. „Dein Lieblingseintopf", sagte sie. „Ich esse aber nur 'ne Kleinigkeit mit, sonst packe ich später kein einziges Stück Kuchen. Es tut mir leid, dass ich dich vorhin wieder so überfahren habe. Du musst mich auch verstehen, es ist meine Sorge um dich, wenn dir noch einmal so etwas passiert, wie mit diesem Kerl und du zu Tabletten greifst ..."
Sie sprach nicht weiter.
„Ihr vertraut mir nicht, warum also hätte ich da zu euch Vertrauen haben können? Ich war zum ersten Mal so richtig verliebt. Doch wenn ich euch davon erzählt hätte, wäret ihr doch glatt ausgeflippt und hättet es mir sofort ausgeredet und mich noch mehr kontrolliert."
„Ja, wir hätten es dir ausgeredet. Aber wenn du wieder in eine solche Situation gerätst und wieder zu Tabletten greifst?"
„Ich habe den Fehler gemacht, aber wer macht denn keine? Du oder Papa?"
Ich schob meinen Teller weg, denn der Appetit war mir schon wieder vergangen. Vielleicht war ich auch in diesem Moment zu ungeduldig und konnte Mamas Beweggründe nicht so richtig nachvollziehen. Sie räumte wortlos alles weg und hantierte in der Küche herum.

„Soll ich für euch den Tisch decken?", fragte ich versöhnlich.
„Wenn es dir nicht so viel Mühe macht", war ihre Antwort.
„Sonst hätte ich es nicht angeboten", erwiderte ich. „Ich würde später gerne zu Tom gehen und in meinem Buch weiterlesen, ist das okay für dich?"
„Wenn nicht, wirst du ja trotzdem gehen, oder?"
„Aber mit deiner Zustimmung ist es mir lieber."
„Naja, dann geh ruhig", sagte sie und schaute zu mir her. Lächelte sie, oder bildete ich es mir nur ein?

∞

Zwei am gleichen Weg

Als ich bei Tom in meiner Leseecke saß und mich Harry Potter hingab, tauchte wie aus dem Nichts Moritz auf.
„Hi, Juliane, ich dachte es mir, dass ich dich hier treffe."
„So, da dachtest du mehr als ich."
Er setzte sich zu mir. „Ist dir doch recht, oder? Wenn du aber lieber allein sein willst, dann verschwinde ich wieder."
Ich legte das Buch auf den Tisch und lachte. „Ne, ne, bleib ruhig. Hast du in deinen Büchern schon gelesen?"
„Nö, noch nicht. Gestern triezte mich mein Vater mal wieder. Er ist sehr dahinter her, dass ich in der Schule nur das Beste von mir gebe, so wie er."
„Was ist dein Vater denn von Beruf?"
„Schlosser. Ihm gehört die Schlosserei Kühnert. Kennst du die?"
„Nein. Ich dachte schon, dein Vater sei etwas Höheres, weil er so streng ist."

„Die Schlosserei ist schon seit vier Generationen in unserer Familie und mein Großvater wollte, dass Papa sie einmal übernimmt. Dabei wollte er lieber studieren und Anwalt oder Ingenieur werden. Nun erwartet mein Vater von mir, dass ich das mache, was er nicht durfte, nämlich studieren."
„Und das willst du nicht, hab ich recht?"
„Genau, aber gegen meinen alten Herrn habe ich keine Chancen."
„Und was sagt deine Mutter?"
„Sie würde nie etwas sagen, was Papa nicht gefällt oder gutheißt."
„Und dein Bruder?"
„Der hatte ja vor Jahren den Unfall. Er starb dabei."
„Das tut mir leid. Ich habe auch einen Bruder, der ist vor kurzem zwanzig geworden und studiert, momentan in Amerika."
„Wow, was denn?"
„Pharmazie."
„Wollen wir ein Stück spazieren gehen?", wechselte Moritz das Thema und das war mir auch recht so.
Ich hatte zwar Mama gesagt, dass ich zu Tom gehe, aber ich hatte Lust, ein bisschen zu laufen. „Klar, machen wir."
Kurz darauf standen wir auf der Straße. Nicht weit vom Bücherladen entfernt lag ein schöner Park. Bald hatten wir ihn erreicht und gingen eine Weile schweigend nebeneinander her.
„Schön hier", meinte ich und das stimmte, auch wenn ich damals mit Lara hier gewesen war. Sie allerdings hatte es langweilig gefunden, so zwischen Bäumen und Wiesen über die Kieswege zu gehen und vor dem kleinen Weiher zu stehen und den Enten und Schwänen zuzuschauen.

„Ich gehe auch gerne mal spazieren", erwiderte Moritz. „In der Natur bekommt man schneller wieder einen klaren Kopf als in der Menschenmenge, finde ich."
„Stimmt, ich mag es auch lieber ruhig."
Ich musste plötzlich an den Abend im alten Güterbahnhof denken. Nur Felix zuliebe hatte ich ja meine Eltern belogen, weil ich unbedingt in der Disco in seiner Nähe sein wollte. Dabei hatte ich festgestellt, dass diese Art von Trubel nicht mein Ding war. Aber für Felix wäre ich jederzeit wieder dort hingegangen, wenn meine Eltern es erlaubt hätten.
Am Weiher setzten wir uns auf eine Bank und redeten. Dabei erfuhr ich, dass Moritz sechzehn war, auf die Geschwister-Scholl-Schule in Konstanz ging, und dass er nach seinem Realschulabschluss dort noch das Abitur machen muss, falls sein Notendurchschnitt es zuließ.
„Meine Eltern lassen nicht locker, ich soll studieren."
„Aber du willst nicht, das habe ich schon mitbekommen. Was willst du sonst machen?"
„Was mit Technik, Kfz- oder Feinmechaniker, dafür reicht auch meine Mittlere Reife. Aber meine Eltern wollen davon nichts hören. Sie sind taub auf dem Ohr."
„Und du gibst nach?"
„Wenn du oft genug gegen eine Mauer geredet hast, dann vergeht dir die Lust. Ich würde zur Not auch Schlosser machen und später das Geschäft übernehmen. Genauso ist es mit Fußball. Papa ist leidenschaftlicher Fan dieser Sportart und hatte mich bei der Jugend angemeldet. Aber ich habe dafür zwei linke Beine und so blieb meinem Vater keine andere Wahl, als mich wieder abzumelden. Ich mache lieber was mit meinen Händen, aber lassen wir das. Erzähl mal was von dir."

„Ich gehe nur auf die Jahn-Hauptschule, was meinen Eltern überhaupt nicht gefällt, weil sie mich auch lieber mit einem Abi in der Tasche sehen würden. Noch ein Jahr Schule, dann will ich vielleicht in einer Bücherei oder Gärtnerei meine Ausbildung machen, falls meine Eltern nachgeben. Außerdem habe ich grad ziemlich Knatsch, weil sie mir kaum Freiheit lassen. Dagegen kämpfe ich momentan an."
Moritz war mir plötzlich so vertraut und ich hatte das Gefühl, ihn schon länger zu kennen. Deshalb begann ich, ihm wie selbstverständlich von meinem Kummer zu erzählen, von meiner ersten unglücklichen Liebe zu Felix und von meiner ehemaligen Freundin Lara. Von ihrem Verrat und den Tabletten, weswegen ich in der Klinik gewesen war. Lediglich das mit Mamas unglücklicher Schwester verschwieg ich.
„Wow, da hast du echt auch schon einiges wegstecken müssen. Ich kenne das, wenn man etwas will und sich nicht traut, es durchzusetzen. Aber alles runterschlucken geht auch nicht immer. Ich wünsche dir, dass deine Eltern dir jetzt mehr Freiheit lassen, dann könnten wir uns doch ab und zu mal treffen und was zusammen machen. Was meinst du?"
„Klar", sagte ich spontan. „Das wäre cool."
„Aber ich mag keine Disco. Obwohl ich schon gerne mal laut Musik höre."
„Ich muss das auch nicht haben."
„Dann bist du also nur wegen diesem Felix dort hingegangen?"
„Ja, ich habe dir ja erzählt, dass ich deshalb meine Eltern belügen musste. Auch sowas würde ich nie wieder tun."

„Ich würde das auch von niemandem verlangen. Aber wenn du Lust hast, könnten wir am Wochenende runter zum Strandfest gehen, falls deine Eltern dir erlauben, dort hinzugehen."
Das Strandfest fand alle zwei Jahre am Bodensee statt. Dort war zwar auch allerhand Betrieb, das wusste ich, weil ich einmal mit Klaus dort gewesen war, aber man hatte auch die Möglichkeit, die Promenade entlang zu gehen oder mit kleinen Booten zu fahren.
„Du hast ja schon meine Handynummer, schreib mir ne´ WhatsApp, dann habe ich auch deine Nummer und gebe dir Bescheid", antwortete ich. „Aber jetzt gehe ich besser heim, du musst sicher auch noch Hausaufgaben machen. Ich bin ja noch bis morgen krankgeschrieben."
„War schön, mit dir hier zu sitzen und zu quatschen. Ich würde mich echt freuen, wenn es am Wochenende klappt."
Wir verließen den Park und trennten uns.

Frohgelaunt kam ich zu Hause an. Mamas Besuch war bereits gegangen. Als ich in die Küche schaute, war alles weggeräumt und auch der Esszimmertisch war leer.
„Wenn du ein Stück Kuchen willst, im Kühlschrank steht noch welcher!", rief Mama aus dem Wohnzimmer.
„Danke, nein, ich warte lieber bis zum Abendessen." Ich schaute kurz zu Mama rein. Sie saß auf der Couch und las.
„Ich bin oben. Wenn ich was helfen soll, ruf mich."
Sie schaute von ihrer Illustrierten auf und meinte: „Ist nicht nötig, wir essen ja nur kalt. Papa hat vorhin angerufen, dass es später wird und dass wir nicht auf ihn mit dem Essen warten sollen."
„Okay", rief ich schon auf dem Weg zur Treppe.

Oben in meinem Zimmer überlegte ich, wie ich meinen Eltern sagen sollte, dass ich zum Strandfest gehen möchte. Am besten wäre, ich wartete damit, bis auch mein Vater da war. Moritz hatte bereits eine WhatsApp geschrieben und dann kam mir der Zufall zu Hilfe in Form von Angelina. Sie rief kurz vor dem Abendessen an und fragte mich, ob ich am Samstagnachmittag mit ihr zum Strandfest gehen möchte. Natürlich wollte ich, musste aber erst die Hürde über meine Eltern nehmen.

Als mein Vater später zu Hause war und gemeinsam mit Mama vor dem Kasten saß, fasste ich meinen Mut zusammen und fragte sie ganz einfach.

„Am Wochenende ist doch Strandfest", begann ich etwas zögernd, „ich möchte da gerne mit Angelina hingehen."

So, jetzt war es raus.

Zuerst sagte keiner der beiden etwas und ich beobachtete sie. Papa sprach zuerst: „Warum solltest du nicht gehen? Ich habe nichts dagegen. Und du, Maria, solltest unserer Tochter vertrauen."

Mama schwieg noch immer und ich rechnete schon mit einem Nein aus ihrem Mund.

Doch dann sagte sie: „Gut, ich muss ja einmal damit anfangen, dir mehr Freiheit zu lassen. Aber um 20:00 Uhr bist du zu Hause."

„Darf ich nicht bis neun? Ist doch Wochenende. Bitte, Mama!"

„Lass sie doch bis 21:00 Uhr, ist ja schon länger hell abends", mischte sich Papa ein.

„Gut, weil Wochenende ist", gab Mama nach und ich hatte den Eindruck, dass sie das nicht so gerne tat. „Aber wenn

Angelina früher geht, dann kommst du auch eher, versprochen?"
Ich versprach es. Ich war ja überhaupt froh, dass ich endlich mal einen Erfolg erzielt hatte.

In meinem Zimmer schrieb ich Moritz auch gleich eine WhatsApp zurück. *Samstag geht klar, aber eine Freundin kommt noch mit, wenn es dir nichts ausmacht.*
Kein Thema, wann wollen wir uns treffen?
Das schreib ich dir, wenn ich mit Angelina eine Zeit ausgemacht habe.
Deine Eltern sind also einverstanden, das finde ich echt super, schrieb er noch zurück.
Danach löschte ich alles, falls Mama wieder mein Handy kontrollieren wollte. Moritz' Nummer hatte ich mir in meinem Terminplaner notiert und den sorgfältig weggeschlossen, für den Fall, dass meine Mutter entgegen unserer Abmachung wieder in meinem Zimmer herumschnüffelte.

Der ersehnte Samstag kam. Angelina und ich trafen so gegen 14:00 Uhr am Strandcafé ein, wo Moritz schon auf uns wartete. Ich hatte Angelina gestern, als wir kurz telefonierten, von ihm erzählt.
„Hoffentlich hast du mit ihm nicht auch so ein Pech wie mit Felix", hatte sie mir erklärt.
„Moritz ist doch nicht mein Freund, aber er ist ganz anders als Felix. Du wirst ihn ja kennenlernen. Ich bin so froh, dass du dabei bist, so musste ich meine Eltern nicht anlügen, denn wenn ich ihnen erzählt hätte, dass ich mich mit einem Jungen treffe, wäre Mama bestimmt ausgerastet."
„Da ist doch nun wirklich nichts dabei. Manchmal könnte man glauben, deine Eltern wären nie jung gewesen."

„Sie sind halt so und ich hoffe ja, dass sie sich endlich ändern und mir mehr Freiheit lassen."
Vor allem Mama. Bei Papa hatte ich da weniger Sorge. Im Gegenteil, ich hätte nie gedacht, dass er mir mehr zugestand als sie. Ich hatte Angelina nichts von Mamas Schwester und ihren Beweggründen gesagt. Irgendwann aber würde ich es ihr mal erzählen, denn wir waren auf dem besten Weg, wieder Freundinnen zu werden.

Nachdem ich Moritz und Angelina vorgestellt hatte, schauten wir uns die vielen verschiedenen Stände an, kauften uns ein Eis – Mama hatte mir Geld mitgegeben –, zogen uns am Losestand ein paar Lose, leider nur Nieten, futterten Bratwurst mit Brötchen und viel Senf und schauten einigen sportlichen Aktivitäten zu.
Plötzlich standen Lara und ein paar andere Mädchen vor uns.
„Hi, Juliane, darfst du denn fort?", fragte sie kühl und starrte mich an. Dann wanderte ihr Blick zu Angelina. „Seid ihr jetzt wieder dicke Freundinnen?"
„Hast du was dagegen?", rief Angelina.
„Nö, warum sollte ich? Ist das dein Freund?"
„Was geht dich das an?", fragte Angelina. „Kommt, lasst uns weitergehen." Sie setzte sich in Bewegung und wir folgten ihr.
„Das war also diese Lara", stellte Moritz fest.
„Ja", erwiderte ich. „Aber lass uns nicht von ihr reden. Es ist so ein schöner Nachmittag."
„Machen wir eine kleine Rundfahrt mit?", fragte Angelina. „Oder habt ihr keine Lust darauf?"

Wir hatten Glück und auf dem Schiff waren noch Plätze frei.

„Ich schau mich etwas um, wenn es euch nichts ausmacht", meinte Angelina. „Wir sind ja auf einem Schiff und können uns nicht verlieren. Bis dann." Damit stand sie auf und ließ uns allein.

Das hätte Lara niemals gemacht, dachte ich.

„Finde ich nett von ihr, uns mal allein zu lassen."

Moritz lächelte.

„Das finde ich auch. Meine Mutter hat mir sogar erlaubt, dass ich bis neun Uhr wegbleiben darf, aber nur, wenn Angelina auch solange bleibt. Wann musst du zu Hause sein?"

„Am Wochenende nehmen es meine Eltern nicht so genau. Wenn ich mal mit Freunden ins Kino gehe oder zum Geburtstag eingeladen werde, kann es auch mal 23:00 Uhr werden. Aber ehrlich gestanden gehöre ich nicht zu denen, die aus lauter Langeweile die Straßen unsicher machen. Ich lese viel und zeichne Comics, was meinen Eltern weniger gefällt. Heimlich schreibe ich ab und zu Texte für die Schulband, aber davon wissen sie auch nichts."

„Warum? Daran ist doch nichts schlimmes."

„Nein, aber sie gehen vielleicht davon aus, dass ich nicht genügend für die Schule lerne. Besser, sie wissen es noch nicht."

„Lässt du mich mal einen Text lesen?"

„Klar, ich bringe dir bei unserem nächsten Date mal was mit. Wenn du gerne zeichnest, könnten wir ja zusammen mal was machen, oder?"

„Wäre cool, wenn das klappen würde."

Ja, ich meinte es auch wirklich so. Moritz gefiel mir immer besser. Mit ihm hatte ich jemanden kennengelernt, der auf meiner Welle schwamm, der genau wie ich unter einem eher strengen Elternhaus litt. Wir hatten vieles gemeinsam, so auch die Vorstellung für unsere berufliche Zukunft, für die unsere Eltern jedoch wenig Begeisterung zeigten.

∞

Happy End

Dieser Tag am Strandfest war der Anfang einer besseren Zeit. Natürlich änderten sich meine Eltern, besonders meine Mutter, nicht von heute auf morgen. Es brauchte alles seine Zeit. Doch sie gaben sich wirklich große Mühe. Da ich mich öfter mit Moritz treffen wollte, blieb mir nichts anderes übrig, als ihnen dann auch von ihm zu erzählen. Natürlich wollten sie genau wissen, was für ein Junge er war, woher er kam und wer seine Eltern waren. Zufälligerweise kannte Papa sogar die Schlosserei Kühnert, was Moritz dann doch einen großen Pluspunkt bei Mama einbrachte. Ich durfte ihn sogar zu Papas Geburtstag am 30. Juni einladen.

Ein Jahr später stand ich kurz vor meinem Hauptschulabschluss, der, wie mein Klassenlehrer im Vorfeld meinte, überraschenderweise doch sehr gut ausfallen würde. Seltsamerweise war mir das Lernen im letzten Jahr auch wesentlich leichter gefallen.
Woran das wohl gelegen hatte?
Mit Moritz ging ich jetzt fest und wir waren sehr verliebt ineinander. Ihm zuliebe entschloss ich mich – zur Freude meiner ganzen Familie – dann doch noch meinen Realschulabschluss zu machen. Das kam außerdem besser bei späteren Bewerbungen an, als wenn ich nur einen Hauptschulabschluss hätte. Dieser Ansicht war ich inzwischen auch. Aber ich wollte nach den Sommerferien auf die Geschwister-Scholl-Schule wechseln, wo auch Moritz hinging. Meinen

ehemaligen Mitschülern würde ich keine Träne nachweinen, außer Nora, die sich inzwischen auch als gute Freundin entpuppt hatte.
Angelina war inzwischen meine beste Freundin geworden. Auch wenn ich nach den Ferien nach Konstanz auf die Schule ging, würden wir uns immer Zeit nehmen, etwas zusammen zu machen.
Mit Lara verband mich nichts mehr. Sie und Felix waren längst auseinander, er hatte ihr den Laufpass gegeben, wie mir Angelina mal erzählt hatte.
Das Verhältnis zwischen Mama und mir war auch besser geworden und sie hatte auch nichts gegen die Freundschaft mit Moritz. Mittlerweile erlaubte sie sogar, dass ich mir Fantasy-Bücher kaufen durfte – oder auslieh, je nachdem, wie viel Taschengeld ich gerade übrig hatte.
Es gab jetzt allerdings wichtigeres als Harry Potter und Co.

Über die Autorin:

Brigitte Kemptner, Jahrgang 1952, wurde in einer hessischen Kleinstadt geboren. Aufgrund ihrer angeborenen Sehbehinderung besuchte sie eine Förderschule und arbeitete später als Phonotypistin im Öffentlichen Dienst. Heute lebt sie mit ihrem Mann und zwei Töchtern in Brühl bei Mannheim.

Brigitte ist naturverbunden, liest gerne, schreibt Gedichte und seit 2002 auch Prosa.

Einige Kurzgeschichten wurden schon in Anthologien veröffentlicht. 2015 und 2017 erschienen zwei Fantasy-Romane.

Ebenfalls im Edition Paashaas Verlag erschienen:

Amanda – eine unglaubliche Reise

Aufregung im Land der Fantasie! Dunkle Gestalten, angeführt von ihrem machthungrigen und hasserfüllten Meister, bedrohen die Völker der Zwerge, Wichtel, Elfen und anderer zauberhaften Wesen. Amanda, ein Mädchen aus dem Menschenreich, wird in die Geschichte verwickelt und erlebt ein gefährliches Abenteuer. Wird sie zur Rettung der Fantasiewelt beitragen können? Wenn sie doch nur wüsste, welche Tür die richtige ist …

Brigitte Kemptner, Fantasy-Roman, ISBN: 978-3-96174-068-0
Paperback, 204 Seiten, Format 14,8 x 21 cm, VK: 11,95 €,
ab 12 Jahren

Weitere Bücher, Informationen und Leseproben
finden Sie auf
www.verlag-epv.de